政治言語の研究

日本人の思考様式と言語生活

佐々木健悦 著

社会評論社

目次

前口上　**政治言語はマインドコントロール**

「人間とは言語能力を持った政治的動物である」（アリストテレス）。ひとは「政治言語」マインド・コントロールし合う。

本論では、事を曖昧にして誤魔化し、責任逃れに使われる言語を「政治言語」と総称し、特に政治屋と官僚つまり「政官人」の常用する言い回しを「政官語」と呼ぶ。彼らは日本語の特徴を悪用（第3、4講）し、コミュニケーションを政治的に歪める（第5講）。

コトバは人々を分断もするが、人々を共通のコトバで結合する。人々は保身のために「お守り言葉」を多用する。「問題意識を共有」（二〇一九年三月菅義偉官房長官）し共通認識させれば、世論や民意は一本化し社会通念化する。世論操作は、マインド・コントロールの結果である。

社交辞令上の美辞麗句も一種の政治言語であるが、政官人は職業ジャルゴンである政官語で日本語を犯し、日本語と日本社会を浸食している。

政治に疎かったタレント候補も議員になると、途端《とたん》に政官語を口にするようになる。政官語でマインド・コントロールされたと言うべきか。

政官語は政治的プロパガンダのみならず、新聞や雑誌、テレビ・コマーシャルや広告などのマス・メディア、大衆文学、日常会話にも浸透し、一般人は「お守り言葉」として意識的にあるいは無意識に政官語を使用する（第2講）。政治屋は「統一教会」との「濃厚接触」を隠蔽するのにも政治言語を弄する。

体制翼賛のメディア知識人は体制容認の政治言語を駆使する。中川越『すごい言い訳！』（二〇一九年）は彼らの「逃げ口上」集である。

著名人の発言なら、庶民は彼らの専門外の発言であっても、鵜呑《うの》みにしがちだ。メディア知識人は容易にデマゴーグ化し、騙す側に回る。デマは真実の6倍の速度で浸透する。デマは容易に時代の主潮となり社会通念化する。

日本人は専門家に弱い。政府お抱えの専門家は「お上」の意向を忖度《そんたく》して己《おのれ》の「専門知」を歪め（進藤宗幸『権力に歪む専門知』（二〇二二年）、「専門家の職業上の義務」を放棄している。

かつて知的に破綻しながら、体制を翼賛する政治的言論勢力が横行していたし、今も横行している。それは「日本浪漫派」や「京都学派」だったし、今は「日本会議」に結集する言論人である（第8講）。

アスリートも口が上手《うま》くなった。昔は口が達者なのは長嶋茂雄ぐらいだったが、今は国会議員になって、巧みに政治言語を操る。

ディストピア小説『1984年』を書いたジョージ・オーウェルは「言葉の堕落は政治の堕落」と言った。それにしても、政治を語る日本語が非道《ひど》い。

日本人は「お上」に弱く（第2講）、体制を受容し翼賛する（第8講）。コトバを変えると、認知や意識、思惟思考も変わる（第1講）。だから、コトバが変われば、政治も社会も変わる可能性がある。

愚にもつかぬ教義でマインド・コントロールする「統一教会」にコロリと騙され浸食されるような世の中は、騙す者と騙される者が居て廻っているとも言える。騙す側は騙す言語能力に磨きをかける。政治や社会を変えるには、正しく認識し、論理的に思惟思考し、騙されない言語教育（第6講）が必要である。

次の選挙しか考えない政事業者は政治家ではなく政治屋。彼ら政治屋は「統一教会」の教義などそっちのけで「濃厚接触」し、選挙支援を受けていた。

彼らは「加担責任」を取らない。その一人の細田衆院議長の言い訳文（二〇二二年九月二九日）は側近に書いてもらったもので、借り物。「統一教会」との「濃厚接触」の事実を、薄め薄めに羅列しただけ。「招待があったので、出席して挨拶《あいさつ》した」と意図的に「濃厚接触」した理由を一つも挙げていない。

彼らは虚言の常習犯。「国葬儀」にしてもらった安倍元首相は首相在任中に国会で100回余りの虚偽答弁を繰り返していた。高市早苗も麻生太郎も「原発事故に因って死亡者は出ていない」と嘘《うそ》ぶく。政治家と呼ぶには余りに粗雑な事実認識で、無責任。

「自民党葬」にもしてもらえなかった田中角栄は金言を残した。「はじめに結論を言え。理由は三つに限定しろ……。借り物でない自分の言葉で全力で話せ」。

役所作文は先に結論を書かずに、長々と書き連ねて論点を暈す。国会演説も選挙演説も、政治言語によるマインド・コントロールなのだ（第10講）。

・補足説明は［　］で示す。

・主要参考文献については本文中で紹介する。

・本書の表記は前著『コトバニキヲツケロ！』（二〇一六年）の第Ⅱ部「日本人のためになる日本語論」で展開した我流の日本語表記法に基づいている。

第1講

言語と認知と論理的思考

コトバを変えると考え方感じ方が変わる

（一）言語と思惟思考

●サピアとウォーフは「言語は思考を創る」と考えた。それぞれの言語集団はその使用する言語の世界文節によって規定されるとして、認知や経験の様態をそれぞれ異にするという仮説を立てた。

ヴィットゲンシュタインは極論した―「その人の使う言語は、その人の世界を規定する。主体は、世界の一部ではない。そうではなくて世界の境界である」「私の言語の限界は、私の世界の限界を意味する」「世界が私の世界であることは、この言語（私だけが理解する言語）の限界は私の世界の限界を意味する」（『論理哲学論考（一九二二年）丘沢静也訳』）。

しかし、この仮説以降、「言語が思考の全てを決定する」のか、「言語を介さない認知・認識・思考は可能か」、「言語のフィルターを通じてしか世界を認知・認識できないのか」、「言語が異なれば、認識や思考がどのように異なるのか」などなど、疑問が尽きない。

コトバは思考そのものではないし、思考の全てを決定するわけではないが、思考を形づくる。ひとは漠とした想念を幾つも持っているが、コトバにしないと概念にはならない。言語化した概念を文法的に組み立ててこそ、コミュニケーションが成立する。

「人は、自然な状況では、言語を明示的に使う必要がなくても、あることを見たり聞いたりするときに、無意識下でその言葉が想起されてしまう」「脳は無意識に、そして自動的に、何らかの形で言語を使ってしまう」「言語は人の思考の様々なところに入り込み」「世界に対する見方（知覚の仕方）を変えたり、記憶を歪めたり、判断や意思決定に良くも悪くも影響する」（今井むつみ『ことばと思考』二〇一〇年）。

コトバを変えると認知や意識も変わるし、社会も変わる可能性がある。女性が自分の伴侶を、「主人」あるいは俗に「亭主」と言わずに「夫」あるいは「パートナー」と言えば、彼女の伴侶に対する認識は違ってくるし、彼女に対する世間の感じ方も違ってくる。

人称代名詞の豊富な日本語は、代名詞だけでも上下の関係が明確で、その上下関係は動詞にも反映する。コトバを社会言語学的に見れば、社会制度や政治体制を反映しているのだ。例えば、日本語の人称代名詞の用法や敬語の体系などは日本社会の対人関係を露わにしている。

本論では一《ひと》先ず、「言語は人の思考の様々なところに入り込み、いろいろな形で影響を与える。世界に対する見方（知覚の仕方）を変えたり、記憶を歪めたり、判断や意思決定に良くも悪くも影響する」（今井むつみ『ことばと思考』二〇一〇年　204頁）として置く。

考え方はとかくコトバに影響される。体制あるいは「お上」や大勢に従わせる日本語が、なおさら日本人を従順にする。

●日本人は決然とせず、日本語は暈すのに便利に出来ている（第3講）。暈して間接的に婉曲に言えば、社会生活に角が立たない。日本語は論点をずらし逸らし誤魔化し騙すのに便利に出来ている（第4講）。

加賀野井秀一は西洋語の論理展開が対立的であるのに対して日本語のそれは、協調的であると言う（『日本語は進化する』二〇〇二年）。

西洋語のそれは、「AはBである。なぜなら～であり、～であるからだ」と展開し、結論は、命題が正しいか誤っているかになる。

それに対し日本語のそれは「象は鼻が長い」という文が示すように、先ず語るべき主題を「は」で提示し、「が」や「も」などで共通の内実を順次、限定して行って協調的に「見事に彫琢された」結論に至る、と言う。

しかし、これではじめに合意、同意、同感ありきの対談や座談には向いても、討論や討議には向かない。協調的と言うよりは馴れ合いであり、日本語の論理は進化しない。

●人間の認知や思考は、多かれ少なかれ「認知バイアス」に囚われ歪んでいる。言語は認知や認識に役立つが、記憶や思考を歪める。認知科学の専門家は心の働きの偏りやゆがみを「認知バイアス」と呼び、ひとは偏見や先入観などの「バイアス（bias）」から逃れられないと言う。本論も私の「認知バイアス」の所産かもしれない。

森喜朗元首相がベテラン女性秘書を、「女性というにはあまりにお歳」と評した（二〇二一年三月二六日）。森氏は「女性秘書は若い」というバイアスが働き、そう認識しているから、こういう発言になったのだ。失言は無知に根ざすから「お馬鹿発言」と言い換えてもいい。

H・ロスリング他は10の偏見や思い込みを排し、事実に基づいた世界の見方を提示した（『ファクトフルネス（2018年）』（関　美和訳二〇一九年）。しかし、統計すら、改竄され嘘をつき、故意に誤解される（ダレル・ハフ『統計でウソをつく法』高木秀玄訳一九六八年）。

●コミュニケーションは政治言語で意図的に歪められる。「お上」が「認知バイアス」を世論と共有し、思考と世論を操作誘導すれば、体制維持は容易になる。

しかも、日本語は騙すのに便利にできている。「お上」は日本語の特徴を悪用して、「１９８４年」の世界に国民を近づける。

主観性なしの思考はあるまい。言語は、記憶や思考を歪める場合もある。特に日本語は、主観性の強い言語で、認知と論理を歪め誤魔化すのに便利にできている。

政治言語のロジックとレトリックは政治プロパガンダのみならず、マスメディア、文学語、社交語にまで浸透している。

沖縄施設局長は「犯すと言って犯しますか？」と言ったが、政官人は犯すと言わずに、意図的に日本語を歪め、犯している。政官人は「犯すと言わず」に日本語を犯している。

●マックス・ヴェーバーが「職業」と呼ぶのは「天職（Beruf）」のこと。彼は、政治指導者を「政治を天職として政治のために生きる」政治家（Staatsmann）と「政治を生活源とする」政治屋（Politiker）とに分類した。私は後者を「政事業者」と呼びたい。

本論では、事を曖昧にして誤魔化しに使われる言語を「政治言語」と総称して呼び、政事業者と官僚、つまり政官人が誤魔化しに常用する責任逃れの言語を「政官語」と呼ぶ。

「言葉の堕落は政治の堕落である」（ジョージ・オーウェル）。だから、コトバを変えれば、政治が変わる。

●論理的に思考するとは、思考のプロセスに筋を通すこと。社会の集団表象としてその成員に共通する思考の筋道があり、その筋道は社会集団によって異なる。レヴィ・ブリュルは、西欧の論理では奇異に思われる原始心性あるいは未開社会の思惟は無論理でも反論理でもなく、前論理であるとした(『未開社会の思惟』一九一〇年)。

その思考の表現スタイルも、社会の集団表象として、つまり文化によって異なってくる。日本人留学生が米国の大学で書いた小論文が理解不能として突き返されたり非常に低い評価を受けることがあるし、同じ西洋圏でも、米人学生がフランスの大学に提出した論文が低い評価を受けたりする。各社会で支配的な論理や論理の組み立て方が異なるからである。

従って、各国の小論文の構造も異なり、論文に必要とされる構成要素もそれらを並べる順序も異なってくる。「エッセイ」と呼ばれる米国式小論文と「ディセルタシオン」と呼ばれるフランス式小論文とでは、その構造が大きく異なる。

米国は「主張」、フランスは「論理」、日本は「共感」を重視する。

米国式小論文の「エッセイ」は、「主張」を重視し、「主張」を冒頭で明示し、「導入」「本論」「結論」で自分の主調の正しさを論証する。

フランス式小論文の「ディセルタシオン」は、概念の定義や問題定義をし、一般的な見方とそれに反する見方を提示し、さらにその二つを総合した第三の見方を提示して論証する。

従って、米国式に評価するとフランス式は「主張」を最初に明示してないことになり、フランス式に評価すると米国式は自分の「主張」を一方的に論証するだけで、対立する見解を止揚してないことになる。

日本は共感重視。異なる意見への共感を大切にする。特に小学校段階では学校行事や本の感想を書かせる「生活作文」が多く、読み手の共感を得る書き方が重視される。しかし、論理的な書き方を体系的、段階的に教えるカリキュラムは出来ていない。中学や高校の段階では論理的な書き方や文章の型の指導に移行すべきだ。

●思考や論理の流れは言語文化によって異なる。文章の並べ方や段落の進め方は言語が異なれば、論理の流れが異なる。

Robert B.Kaplan は論文“Cultural Thought Patters in Inter-cultural Education”（１９７２）で世界52の言語のパラグラフを分析し、大きく五つのパタンに分類している。

英語では論の展開が直線的に進む。トピック文はパラグラフの最初に置かれる。ロマンス語族は脱線が目立つ。パラグラフの主題とは無関係と思われる内容の文が入り込む。ドイツ語は語族的には英語に近いが、パラグラフの型はロマンス語系に属し、脱線の脱線ありで、結論さえも脱線する。

セム語族の論展開は複雑な対句構造（対句法／対偶文）を成し、思想は反復され、対照され、二つの思想が総合される。

スラブ語系は脱線も多いが、文の長短が激しい。ロマンス語系は脱線しながらも、明確に結論に辿り着くが、スラブ語系は尻切れになる。

東洋語（Oriental）は論展開が遠回しで渦巻き状。その典型が日本語。主題の周りを一定の距離を保って回り、直接に主題に迫ろうとせず、結論も明言しないことが多い（三浦順次「日本語と英語の thought pattern」『英語教育』一九八四年三月号）。日本人の論理展開は討論に向かない。

日本の入試の記述式問題や小論文で求められるのは日本で支配的で主流になっている思考様式で表

現された文章である。この型に嵌められた思考については第6講「体制翼賛化する言語教育」で詳述する。

●日本語で書かれた論文を英語的な論理構成にすると、英米人には受けが良い。

鳩山由紀夫は、首相に就任する直前、氏の論文が二〇〇九年八月二六日付の『ニューヨーク・タイムズ』紙に掲載され、内外で話題を呼んだ。もちろん鳩山氏が書いた日本語の原文ではなく、英語に翻訳されたものだ。

その英訳には二種類ある。一つは鳩山事務所が氏のホームページ用に英訳したもの。これは、タイトルも含め全てを忠実に訳した逐語訳で、5410語の長文。

もう一つは世界100の主要新聞に記事を配信している『グローバル・ビュー・ポイント』が鳩山事務所の了解を得て要約し一一〇〇語にした縮訳版。これが『ニューヨーク・タイムズ』に掲載された。

原論文のタイトルは「私の政治哲学」。このホームページ訳"My Political Philosophy"は"A New Path for Japan"に変えられた。内容自体に変更はないが、論文の構成が大幅に異なり、抜本的に編集し直してあった。ホームページ英訳版は、日本語原文のままの流れで訳してあるので、冒頭は祖父・鳩山一郎と「友愛」について詳しく解説し、次に社会福祉や地方分権など国内政治について論じ、東アジア共同体構想へと論が展開する。日本語で読むならともかく、英訳版で読むと、主張の焦点がどこにあるのか分かり難《にく》く冗長だ。

縮訳版は英語的な論理構成と展開になっていた。まず冒頭の鳩山一郎への言及はばっさりカットされている。冷戦以降の日本では米国発のグローバリズムと市場原理主義により、人間の尊厳が失われた、とし、現代日本の課題解決に必要な理念として「友愛」を主張する。グローバリズムによって、日本の伝統や生活習慣がなおざりにされてきたことの弊害は「友愛」を基に正すべきだ。そして「友愛」から生まれるもう一つの国家目標として、東アジア共同体構想が詳細に語られている。主張に焦点を当てた論理展開なので、論旨が明快になっている。

主張が明確であれば、建設的な批判もできる。批判を躱《かわ》し反論させまいとして、主張を明解にしないケースも多い。英語的縮訳のほうが鳩山由紀夫を国際舞台に、一時《いっとき》、華々しく登場させてくれたのだ。エドワード・G・サイデンステッカー氏の見事な英訳が、日本的思惟と情感の川端文学にノーベル文学賞を与えたように。

因《ちな》みに申し上げると、鳩山由紀夫の選挙演説の日本語は丁寧すぎ、美化語の接頭語「お〜」を多用する（東照治『選挙演説の言語学』二〇一〇年85頁）。「皆さんにお約束をいたします」「皆さんのお悩みを解決させて頂《いただ》きます」「皆様方のお暮しをお守りいたします」―と来る。テレビで自社製品をセールスするような語り口だ。

要するに、英訳文は曖昧な日本文の意味を明確にする場合が多い。二〇一六年八月八日に公表された天皇の「お気持ち」ビデオメッセージの宮内庁英訳文は、天皇の意思を暈《ぼか》すことなく明確に伝えた。ロバート・キャンベル東大教授も、「全体を通じて忠実に訳されているが、英訳文のほうが原文よりも断定的で、曖昧な表現が少なく、意味を明確に伝えている」と評している（二〇一六年九月七日付『毎日』）。

（二）日本語は「中動態」の世界

日本人の思考や行動の様式は集団論理的であり他律的で、それは日本語の「れる」「られる」の「受身」「可能」「自発」「尊敬」の四つの用法に見られ、発話者の意思表明は弱い。その遣い方の境界は曖昧である（荒木博之『日本人の行動様式』一九七三年）。

「れる」「られる」も意味の発生と展開について、橋本進吉は四つの意味は自然にそうなるという「自発」から発生したとし、山田孝雄《よしお》は「受身」「自発」「可能」「尊敬」の順に意味の転化があったとした。

・「こういったことはなかなか守られにくい」は「受身」とも「可能」ともとれる。

・「あの方にはお子様が三人おられる」は「自発」とも「尊敬」ともとれる。

・「先生は間もなく行かれるはずです」は「可能」とも「尊敬」ともとれる。

・受け身的な思惟は自然発生的な「自発」ともとれる。「いろいろと昔のことが思い出されるのです」。

●自分が何か行動し他者が動くのが「能動」、自分で行なった行為がそのまま自分の状況に還元されるのが「中動」、相手の影響を受けて自分が変わるのが「受動」。

印欧祖語には「能動態」と「中動態」があっただけで、「受動態」はなかった。自我が確立するに連れて「中動態」から「受動態」が発生した。

例えば、Il se trouve. や Ils se marient. は再帰中動態で受動の意味になる（It is found./They get married.）。

ギリシャ語でも「中動態」が次第に受動の意味に転じた。その動作が動作の主体（主語）と密接に関係している場合、つまり主語自身に対する動作、主語のための動作、主語の所有物に対する動作を表わすのに用いられる。ギリシャ語の「中動態」の I wash. は I wash myself.、I make. は I make for myself. の意味になる。

ラテン語では、「私が自らの過ちを悔いる」と述べたい時、非人称の動詞を用いて Me paenitet culpae meae.「私の過ちに関して、私に過ちが生じた」とも言えた。私が悔いるのではなく、悔いが私に生じたのである。つまり、出来事の描写が主で、行為主体は従だった。歴史が下るに連れて、印欧語は出来事を描写する言語から行為者を確定する言語へと移行した。

●細江逸記は、「中動態」を「反照性能動」と呼び、「動作が行為者を去らずその影響は何らかの形式において行為者自身に反照する性質のもの」を表わし、この「反照」（再帰）から、「受動、自動、自発」へ機能分化したと言う。日本語では「ゆ・らゆ」「る・らる」から現代の「れる・られる」へと受け継がれた。「れる」「られる」は自動詞を受動態にする。「母が子に泣かれる」「雨に降られる」は迷惑あるいは被害の受身で、「中動態」的な認知である。

「能動態」➡「中動態」➡「受動態」の順で、意思表明が弱化する。その違いは意思表示度の違いである。

日本語は元々、「中動態」の言語で、自発性や主体性が弱く、意思の存在は薄い。日本語では主語

（主体）や目的語（対象）が省略され、婉曲表現が多く使われる。「する」と「される」の中間に位置し、自ら「する」のだが、そこに働く自分の意思は強くない。日本人は自主度・主体度の低い「中動態」の世界で生きている。

日本人は自動詞が好きで、他動詞が嫌いだ（金田一春彦）。日本語には自動詞が多く、「喜ぶ」「驚く」など心の動きを表わす場合、日本人は「喜ぶ」「驚く」などの自動詞を使う。

自動詞と他動詞がほぼ同数ある英語では、他動詞の受身形を使って、‘be pleased’‘be surprised’と言う。このような場合、ドイツ語やフランス語では自動詞を使わず、他動詞を使って、「自身を喜ばす」「自身を驚かす」と言う。

日本社会には「中動態」的な認知と事態が溢《あふ》れ、日本人は「中動態」的な言語生活をしている。

・やりたくないのに引き受けてしまう。
・体に悪いと分かっているのにタバコを吸ってしまう。
・生活のために仕方なく嫌な仕事をする。
・同調圧力に心ならずも屈してしまう。

●翻訳調の仮名漢字交じり文の言文一致体の発達で、日本人は物事を西洋語風に認知できるようになった。

坪内逍遥と二葉亭四迷は「文」を「言」に近づけ、福澤諭吉は卑近な「言」を洗練した「文」に近づけ、いずれも仮名漢字交じり文で、西洋文献の邦訳文体を創り出す過程で生まれた。

言文一致運動は当初、評判が悪かった。庶民の多様な話し方を、虚構の「東京語」「標準語」に回収する過程だったからである。明治三〇年代半ば頃から、漱石の『吾輩は猫である』（明治三八年）のような言文一致の口語体の文章が主流になって行く。

漱石の『猫』には西洋語的発想の文章が多い。「主—客」意識が登場している。

・主語が多く現われ無生物主語が登場し「何々するのが」が主語になり、抽象名詞が頻出する。「吾輩は…」「条理が明晰で秩序が整然として」「殊に吾輩の注意を惹いたのは」など。

・指示代名詞や指示形容詞を頻用し、「何々自身」という言い回しが登場する。「吾輩は彼と近付《ちかづき》になってから」「彼の書斎」「金田君自身が」など。

・「〜するところの」とか「〜なる」といった関係代名詞的な説明も登場する。

・西洋流の数量概念、つまり単数・複数や one of 〜、a part of 〜などの概念も導入されている。「パンの幾分に砂糖をつけて食ふ」など。

・従来の日本語には「雨に降られる」とか「赤ん坊に泣かれる」とかの「迷惑の受身」はあったが、主客関係が反転する「受身形」も頻用されている。「人から真似らる」など。

・西洋的論理展開が見られ、接続表現を多用し、条件や仮定も想定され、「〜しつつある」とするような時相観念も現れている。

※國分功一郎『中動態の世界』二〇一七年　医学書院

※小野文《あや》＋粂田文《くめだあや》編『言語の中動態、思考の中動態』二〇二二年　水声社

（三）論理的思考とフランスの作文教育

フランス式作文教育は、小学校段階で文法、中学校で論理学、高校で修辞学を学び、高校卒業までにディセルタシオンを書けるようになり、中等教育終了資格と大学入学資格が与えられる「バカロレア試験」に合格することを目指す。

学年末の六月に実施される「バカロレア」はフランスの国民教育省が管轄する中等教育終了資格と大学入学資格を認定する国家試験である。バカロレア試験は、全て論述問題で構成されているので、学校教育は、小論文（ディセルタシオン）の書き方を重視し、小中高各段階で論理的思考の異なる側面を訓練する（渡邊雅子『「論理的思考」の社会的構築　フランスの思考表現スタイルと言葉の教育』二〇二一年94頁）。

「人文・社会科学系の教科では、求められる論文の型に沿って書かないと、いくら豊富な知識を披露したり、目の覚めるような結論を提示したりしても、バカロレア試験には合格しない。とりわけディセルタシオンは、大学の学位審査試験、教員資格試験、官吏登用試験から一般の会社の試験に至るまで幅広く用いられている。この様式で書いたり考えたりできないと、中等教育の終了資格も、高等教育の学位も、職業や社会的な地位も得られない」（渡邊の同著8頁）。

フランス式言語教育は、フランスの論理的文化を形成する手段となる。「文法は、単に言語の規則を教えることを目的としたのではなく、言語の規則を合理的に整理し、説明し、体系づけ、思考の法則を説明することを目的としているからである」「文法は、思考を形成する観念という最も抽象的な範疇（カテゴリー）の分類を行う。たとえば名詞は実体の範疇、形容詞は属性の範疇、動詞は能動と受動の範疇を区分する。さらに文法の一致の規則、すなわち主語と形容詞の性・数の一致や、時制と連動した動詞の活用に見られる文法規則の論理的一貫性は、文法の要素が一定の法則に従って関係づけられ統合されることによって、秩序立った意味の世界が形成されていることを示している」（渡邊の前掲書71頁）。

小学校では文法教育を通じて言語の内在的論理つまり言語の規則性を学び、描写と物語の作文を通して時空間の把握と論理的一貫性を学ぶ。

「作文（redaction）」の眼目は「描写すること」と「物語ること」。低学年では、「描写」の基本として一日のスケジュールや日記を書くことによって「時間軸に沿って体験を順番に書けるようになること」と風景画や写真を説明することによって「事物を空間的に位置づけて書けるようになること」を目指す。事物描写の次に肖像画や人物画などを見て人物描写に進む。低学年では髪や目の色、背格好から、性質や性格を表わす形容詞を学び、高学年になると、教材は静止画から動画に移り、どんな点をどんな順番で述べたら人物の全体像がよく分かるかを学ぶ。書き方の形式を学ぶには「料理のレシピ」が格好の教材になる。

「物語る」訓練には物語の続きを書く課題と一つの物語を最初から最後まで創作する課題があるが、前者が課されることが圧倒的に多い。物語の続きを書く課題は前の部分とこれから創作する部分の「一貫性」を要求する。具体的には、人称、動詞の時制、語彙のレベルなどの文法的な一貫性が前後で保たれているかどうかが重視される。求められるのは「前後の調和から生まれる論理的な一貫性」である。

中学校段階では、事物を客観的に言葉に写し取る「描写」から「説得」のために「論拠」を示して「論証」するディセルタシオンに移る。論証は「主張」「論拠」「例証」をひと繋ぎして構成されるので、論理的に連結するために接続語を学習し、論理的思考を育成する。

高校段階では卒業時のバカロレアの論述試験に向けてパラグラフを「導入」「展開」「結論」の三部構成で論理構成する練習の授業が行われる。問題提起に対して複数の視点を展開して、結論に導く。

バカロレア試験によってフランス国民の人生は、高校段階で決まると言われているが、法科やスポーツ分野など一部の教育機関ではバカロレアがなくとも、高等教育を続行できる。

バカロレアを取得していない著名人も多い。作家のエミール・ゾラやアンドレ・マルロー、俳優のアラン・ドロンなどもバカロレアを取得していない。

第2講

「お上」に弱い日本人の思惟思考

✍「タイトな社会」と「ルースな社会」

日本人は「お上」に弱く規範や規則を遵守《じゅんしゅ》し、「お上」に寛容で、日本社会には抵抗権が確立していない（森島豊『抵抗権と人権の思想史　欧米型と天皇型の攻防』二〇二〇年）。日本社会は歪んでいる。

●ミシェル・ゲルファンド（Michele Gelfand）の“Rule Makers,Rule Breakers”（2018）の邦題は『ルーズな文化とタイトな文化』（田沢恭子訳二〇二二年）だが、不適切である。「ルーズ（lose）」はlooseのことだから「ルース」と訳すのが正しく、「文化」は「社会」と言い換えたほうが、適切だ。

ゲルファンドの「タイトとルースの理論」に拠れば、「タイトな社会」では、社会の結束が強く、人々は規範にきっちりと従う。秩序や均質性が保たれて犯罪が少ない反面、社会が硬直しがちで多様性を受け入れ難い。現代シンガポールを築いたリー・クアンユーは、シンガポールには天然資源がないから、「緊密に結束した社会」を築く必要がある、「シンガポールはこの地域のどの国よりも厳格で、整然と組織され、効率的でなくてはならない」と主張した（田沢恭子訳書８７頁）。

「ルースな社会はその反対で、秩序を欠くが、社会が柔軟で多様性を受け入れる寛容さがある（同書75頁）。

ドイツや日本やシンガポールなどはタイト度が高い。古代スパルタもタイト度の高い軍国主義的社会だった。米国やオーストラリアやブラジルなどはルース度が高い。

「ルースな社会」の街中の時計の時間はまちまちで、交通機関の時刻表は当てにならず、遅延は常態化している。

タイト度の高い社会に住む日本人は暗黙の集団規範に従順で、「空気を読んで（KY）」行動する。喘息でマスクをすると息苦しく吐き気がする女性は、外出中は「マスクが着けられません」というマークを胸につけているが、「でも周りの目が厳しいことも。事情がある場合は、外しても許される世の中になってほしい」と願っている（二〇二二年六月六日付『朝日』の「声」）。

ルース度の高い英米では、マスクの要不要を周囲の「空気」ではなく合理的に判断し、一人で車を運転している時や人込みでない戸外などではマスクを外すという「脱マスク」が進んでいる。「タイトな社会」は自分たちの文化の優秀性を信じ、現状維持を志向する。世間の監視の目が厳しく同調圧力をかけ、「自粛警察」も出没する。日本人は「お上に弱い」。

「タイト度」の高い日本の学校教育は集団一斉主義。「ルース度」の高いフィンランドの学校教育にはテストも偏差値も部活もなく、シンプルで柔軟。

ルース度とタイト度は変化する。ロシア社会ではルース度とタイト度が激変した。社会主義体制下のロシアはタイト度の高い社会だったが、ソ連崩壊後、社会はルース化した。そこへウラジーミル・プーチンが登場し、社会のタイト化を進め、二〇一七年にはプーチンの支持率は80％を上回った。しかし、二〇二二年二月末、プーチンはロシア軍をウクライナに侵攻させた。侵攻後の三月も支持率は84％、とロシア政府は公表したが、世界の世論は著しくプーチン支持率が低下し、ロシア社会のタイト度が著しく緩んでいると見ている。

タイト度は社会の進歩によって部分的に緩み寛容になる。タイト度が高く規範を厳守するドイツは戦後、ナチス時代の苦い経験から、「軍人法」に軍人兵士の「抗命権」を設けた。ドイツの軍人兵士は良心に従って、命令を拒否できる。ロシア軍兵士に「抗命権」があれば、前線指揮官の命令であれロシア政府や軍の首脳部の指令であれ、良心に従って、占領地での蛮行を拒否できるのだ。

●それでは、国民に望ましいのはルースな政府かタイトな政府か。

「私はしばしば、どんな政府が最も理性にかなっているかを探ってみた。最も完璧な政府とは、なるべく費用をかけずに目的に行く着く政府だと私は考えた。つまり、人間をその好みや傾向に最もふさわしいやり方で導く政府が、最も完璧な政府なのだ。

温和な政府の人民が厳格な政府の人民と同じように従順なら、前者のほうが望ましい。なぜなら、前者はより理性にかなっているし、厳格さは理性とは無縁の動機だからだ」（モンテスキュー『ペルシャ人の手紙』〔田口卓臣訳〕）。

モンテスキューは『法の精神』でも、最良の政府とは国民の「一般感情」に適合した政府であると書いている。モンテスキューに言わせると、「厳格な政府」のタイトな社会よりも「穏和な政府」のルースな社会が望ましいことになる。

「厳格な」中国政府は「ゼロコロナ政策」で国民の行動を厳しく制限したが、中国国民の「白紙」闘争に遭い、政策を修正した。

「お上」に弱い日本国民は厳しい罰則なしで、「お上」の要請や呼びかけに従っている。

◆「お上」に弱い日本人

●長谷川如是閑《にょぜかん》は「日本人は上から下へ抑《おさ》へつける。西洋人は下から上へ刎《は》ねあげる」と言い、「日本人の殴り合ひは、拳《こぶし》を下に打ち下ろす運動であり、西洋人のは、拳を下から上へ突き上げる運動である」「人に会った時、日本人は頭を下げる。西洋人は顔を上げる」「悲しい時に、日本人は俯《うつむ》く。西洋人は絶望した時に、日本人は後頭部を両手で下に押しつけるが、西洋人は、顎《あご》を両の拳で突き上げる」と具体例を挙げた。

日本人は上から抑えつけ、上から抑えつけられることを体得し、下から抵抗しようとしない、と如是閑は言いたいのである。

●植木枝盛は「お上」に盲従する国民を「国家の死民」と呼んだ。

「政府の命令とあれば、是もなく非もなく、へいへい、はいはい、ひたすらこれに従って、言ふべき事を言ひもせず論ずべき事を論じもせず、怒るに怒らず怨むに怨まず、卑屈の奴隷に安んじて共に満足する人民等は、是れは国家の良民ではない、ほんに国家の死民でござる」（「民権自由論」明治一三年）。

民権と言っても、「お上」から恵み与えられた「恩賜の民権」と下から進んで勝ち取る「回復の民権」がある。大抵の日本人民は上から恵み与えられる「恩賜の民権」に甘んじている（中江兆民『三酔人経綸問答』明治二〇年）。

加藤弘之や福澤諭吉らが上からの近代化運動に止まったのに対し、枝盛や兆民は下からの民主主義を唱え、明治三〇年代になって幸徳秋水や木下尚江《なおえ》らが継承し発展させた。

●オランダ出身のジャーナリストで日本通のカレル・ヴァン・ウォルフレンは「逃れようのない支配

構造」あるいは「一国の政治的営みを全て包含するもの」を「政治システム」と呼んだ。日本の権力構造の中では、「権力は姿を見せない」（『日本の権力構造の謎』一九八九年）。「システム」を構成する権力者は多く存在するが、最終的に政治責任を取る者が居ない。従って安倍晋三も岸田文雄も、権力者ではない。

姿を見せないが、隠然と確かに存在する「政治システム」を、私は「お上《かみ》」と呼んでおく。

日本人は昔から、権威に従順な権威主義者。権威の頂点である「お上」に弱く、「政治システム」によって確立した「体制」を翼賛する。権力の阿《おもね》る才子が多すぎる。

日本人は、なぜ、かくも主権者意識が低く、「お上」に弱いのか。

●鎌倉の瑞泉寺に「どこも苦《く》地蔵」を祀った地蔵堂がある。昔、地蔵堂の堂守が生活苦のあまり逃げ出そうと考えていたところ、地蔵が枕元に現われ、「どこもどこも」と言った。堂守は「どこも苦しいのだ」と悟り、そのまま堂を守り続けたと伝わっている。およそ悟りというものは現実容認の境地を言う。諦観に至れば、思考は停止する。

時代小説や時代劇や演歌のキー・ワードは「さだめ」。この日本語は前世からの「宿命」だけでなく「集団の論理」を言い、「不動の原理」を意味し、庶民は「さだめ」として甘受する。「さだめ」は「さだむ」の連用形を名詞化したもの（荒木博之『やまとことばの人類学　日本語から日本人を考える』一九八五年）。「不動の原理」と定めたのは「お上」である。

日本人はいつから、現実を甘受するようになったのだろう。中村元は、中国を介して変容した仏教思想の影響で、現実容認の思考様式をとるようになったと説明した（『日本人の思惟方法』一九六一年）。特に、日本の社会の働き盛りの中堅層は「お上」に異議申し立てしない。

日本人は処世法の一つとして「長いものには巻かれよ、太いものには呑まれよ」と大勢に迎合し権力や権威に自動的に服従する習性がある。この心性（mentality）は「滅私奉公」に繋がる。組織の中で生き残るには、全面服従するか「面従腹背」するかしないと、生き残れない。こういう思惟思考の習性は日本人の良識的な体質となり、体制を容認し続けている。日本人は今、「緊急事態」と「国難」という言葉に圧倒され、「自由」や「権利」を主張できない。

日本人は権力者の意向を忖度し大勢の空気を読むのが上手だ。「忖度」という言葉は「便利なようで狡《ずる》い日本語」だ（放送プロデューサーのディープ・スペクター）。

「同調圧力」（第3講の二）が掛からずとも、その場の「空気」を読み取って同調し迎合する。異を唱えて波風を立てる者は大人ではないとされるから、「明哲保身」を決め込む。同調しなければ、虐《イジ》メや嫌がらせに遭う。同調圧力社会はイジメ社会でもある。

●「目」と「民」から成る「罠」という形声漢字を、獣《けもの》を捕える仕掛けだけでなく、「民」の視力を奪って「民」を欺く手段だと、私は解している。

白川静の『常用字解』（二〇〇三年）に拠ると、「民」の金文字形は、「眼睛《がんせい》（ひとみ）」を突き刺している形で、視力を失わせる」ことをいう。視力を失った人を民といい、神への奉仕者とされた」。日本のメディアの多くは今、国民の「眼識」を奪い、体制翼賛に奉仕させている。政府や公的機関の検閲は無用になってきた。国民側が同調圧力も無いのに自ら進んで「自己規制」「自粛」をするからだ。

●「道徳は習慣だ。強者の都合よきものが道徳の形にあらはれる」（夏目漱石「断片」）。「善良な」日本人は、無意識に道徳を内面化する。日本の道徳教育は子どもに「権利」を教えず、進んで「義務」を果たすことを教える。

●篠原一《はじめ》は国民の政治に対する基本的態度として、積極的な「参加型」、消極的な「義務型」、「抵抗型」、「無関心型」を挙げ、国家はそれぞれ、その型の複数の要素が絡み合って存在し、無関心層は自由社会では通例、国民の30％前後を占めるとした（『日本の政治風土』一九六八年）。

直近の地方選では有権者が「棄権」して投票率が下がるだけでなく、271の地方議会つまり15・2％が「無投票」で、このうち18市町村では候補者数が議員定数に満たない「定数割れ」を起こしている（二〇二三年二月二八日付『朝日』）。都道府県議の4分の1は無投票で当選した。無投票当選と投票率低下は連動する。

●一揆・暴動・反乱・テロであれ、抗議デモ・ストライキ・署名行動であれ、直接行動が「お上」を転覆したり体制を変革した例は日本史上、稀である（白井聡）。大化改新にしろ明治維新にしろ、天皇の威を借り天皇の名においてなされた。二・二六事件も、天皇の聖威を畏怖して皇居占拠が頓挫し、天皇の聖断よって収束してクーデター未遂に終わった。

従って、積極的に政治参加して「抵抗」する社会層は少なく、義務的に投票するか棄権する層が増え、総じて既存体制に順応し、「寄らば大樹の陰」「長い物には巻かれろ」庶民は無難で小利口な「生活保守主義」に浸りきっている。若者たちも壮年層も政治の話しを嫌う。政治姿勢の「顔ばれ」を怖れる。

●ジャーナリズムは権力を監視する機関で、記者は権力を監視する番犬。ところが今、記者会見でもインタビューでも記者は権力に対して丁重に振舞い、吠える犬は稀。吠える犬は異常視され嫌われるようになった（「朝日新聞」の高橋純子編集委員）。

政治権力の報道介入はいつの時代もどこの国でも起り得る。英米の場合、「報道の自由に対する政治的圧力がある一線を越えたとき、すなわち報道機関の存在理由そのものが脅かされたと感じたとき、またそのときにのみ、彼らは結束して起《た》ち、徹底的に抵抗したのである。少なくとも私はそう感じた」（加藤周一『夕陽妄語』「報道三題」二〇〇五年二月二二日付『朝日』）。

日本の報道機関について言えば、ある報道機関が日本政府と対立した場合、他の大抵の報道機関は戦前戦中も戦後も、政府と一丸になってその報道機関を批判しがちである。

安倍政権下で、首相官邸側の意向で「放送法」の政治的公平性に関する「新解釈」が追加されていた。

●「あることについて賛成した時にしか決定を認めてもらえないのに、賛否を示すよう迫られている人（たち）」のことを、社会学者のニクラス・ルーマンは「決定権なき決定者」と呼んだ。

このような状況に置かれ続けると、人は賛否を問われること自体から距離を置くようになる。例えば、沖縄の名護市の辺野古の住民たちはこんな状況に置かれている。普天間飛行場の代替施設を辺野古に移設する計画の是非を決めるのは、辺野古住民でも名護市民でも沖縄県民でもなく、「お上」の日本政府である。

◆「抵抗権」思想

●国民が政府を信用すれば、政府はこれに乗じ、信用することが厚ければますますこれに付けこむのが常であるから、国民はなるべく政府を監視すべきであり、なるべく政府に抵抗しなければならない（植木枝盛「世に良政府なる者なきの説」明治一〇年）。

西洋では抵抗権の主張は古くからの伝統で、七世紀の西ゴートの神父・聖イシドルスの著書にも見られ、一二世紀の英国のソールズベリー司教ジョンも主張していた。市民革命の時代に入ると、ジョン・ロックの「政府二論」、ジェファーソン起草のアメリカ独立宣言、フランス革命人権宣言とその一七九三年憲法第三五条、リンカーン大統領第一期就任演説などで成文化された。

抵抗権の主張は日本の明治期の自由民権家の間に見られた。箕作麟祥《みつくりりんしょう》訳「国政転変の論」（明治八年）、伊藤孝二「圧制政府転覆すべきの論」（明治九年）などが新聞に掲載され、明治九年の『草莽雑誌』には「圧制政府は転覆す可きの論」（第三号）、「圧制を破滅するは論者の義務たる論」（第五号）が載った。

杉田定一は明治一三年二月の『経世新論』で、「人が我に迫るに暴力をもってすれば、我もまた力をもってこれに応ずるのが、天地自然の修理である」と主張した。同年七月には馬場辰猪が『自由新聞』に「内乱の害は革命家の禍にあらず」という演説の筆記が載った。

植木枝盛は、これらの主張を採り入れ、彼の起草した憲法草案「日本国国憲按」（明治一四年）で「抵抗権」と「革命権」を成文化した。第六十四條には「日本人民は凡そ無法に抵抗する事を得」とあり、その初稿には政府が恣意暴虐を振るう時は、「人民は兵力を以て之に抗することを得」とさえあった。

第七十条　政府国憲に違背するときは日本人民は之に従はざることを得

第七十一条　政府官吏圧制を為すときは日本人民は之を排斥するを得

第七十二条　政府恣に国憲に背き擅に人民の自由権利を残害し、建国の旨趣を妨ぐるときは日本人民は之を覆滅し新政府を建設する事を得

●福澤諭吉は抵抗権を主張する自由民権運動を敵視し、体制容認の政治思潮を浸透させた。福澤は明治政府に対する正面からの批判を差し控えて「官民調和」を唱え、自由民権運動を阻害した。

戦後になって丸山眞男はその福澤を誤読して戦後民主主義を虚妄とする言説を展開し、彼らの視点で彼らの著作論考が読み継がれている（安川寿之輔『日本人はなぜ「お上」に弱いのか　福澤諭吉と丸山眞男が紡《つむ》いだ近代日本』二〇一九年）。

変節した福沢は民衆を「人民」をやめて「臣民」と呼ぶようになり、「人権」から「国権」に軸足を移して「富国強兵」から「強兵富国」を目指し、欽定の明治憲法を手放しで賛美し、「教育勅語」に感泣した。

福澤は『西洋事情』では「政府の処置、此趣旨に戻《もと》るときは、即ち之を変革し或は之を倒して、……新政府を立つも亦人民の通義」としていたが、『学問のすすめ』では人民の「抵抗権」「変革権」を除外し、日本人の「従順温良、卑屈、無気力」の国民性を、むしろ賛美した。

丸山は福澤の「一身独立して一国独立する」という言説を、致命的に誤読して、巷間に拡げた。福澤の『学問のすすめ』を紹介した二〇二二年五月五日付『朝日』の記事も福澤の本意を誤解している。初期啓蒙期の福澤は、「先づ事の初歩として自国の独立を謀り、（一身独立のような）其他は之を第二歩に遺して、他日為す所あらん」（『文明論之概略』）と言い、「一身独立」という課題を後回しにしている。福澤の言う「一身独立」「自由独立の気風」とは「個人的自由」「個人の自由独立」などではなく、「一国独立」に寄与する「一身独立」であり、「独立の気力」とは「お国のために命も財も惜しまない」という国家主義的な報国心のことである。

福澤を誤読した丸山は福澤を「典型的な市民的自由主義者」として定着させ、戦後民主主義を虚妄とする言説についていては、「私自身の選択についていうならば、大日本帝国の「実在」よりも戦後民主主義の「虚妄」の方に賭ける」（丸山『現代政治の思想と行動』一九六四年増補版後記）と書いた。「神輿」にすぎない安倍晋三の一言で全国の学校が一斉休校し、思い付きでアベノマスクを全家庭に配り、「自民一強」「野党多弱」で改憲に流れる。民衆が愚民で、「お上」に弱いままでは戦後民主主義は、やはり虚妄に終わるだろう。

●第二次大戦後、抵抗権の思想が蘇り、抵抗権を成文法で保障する例が現われた。一九四六年のヘッセン州憲法、一九四七年の「ブレーメン自由市憲法」や「マルク・ブランデンブルグ憲法」、一九四八年に国際連合が採択した「世界人権宣言」などである。

◆「抵抗権」と日本国憲法

・だが、「日本国憲法」は、「この憲法が国民に保障する自由及び権利は国民の不断の努力によって、これを保持しなければならない」（第一二条）と規定にするに止め、「抵抗権」を明白に認めているわけではない。

・ただ、法学協会編『註解日本国憲法』（昭和二三年）は「ここにいう権利の保持の義務とは、その権利が侵害された場合にその圧迫と闘い、これを超克すること即ち権利のための闘争の義務を意味する。特に国家機関による自由侵害に対する闘争が重要である。……権利と自由との保持のためには、国民みずから、合法的手段をもって、その圧迫に抵抗する『不断の努力』をつくすことがもっとも肝要であろう」と解釈している。

昭和二七年、「刑事訴訟法」に違反して不法に逮捕しようとした警官に石膏を投げつける事件が発生した。京都地裁は昭和三〇年四月、被告人の行為は「刑法第三六条」の正当防衛に該当するとの理由で無罪の判決を下した。不法な権力の行使に対する抵抗は、仮令《たとえ》それが余儀なく暴力を用いるに至ったとしても、なお法令上正当な行為であると認めた。

日本人が「お上」に弱いのは。日本国憲法に国民の抵抗権が明記されていないことにも因る。「抵抗権」が明記されれば、同調圧力も面従もパワハラも少なくなるし、指示待ち人間も減るかもしれない。

・だが、日本人は一般に対立を避け、忖度《そんたく》し合って馴れ合い、馴れ合い言葉を使って無難に暮らしている。

五日市の学芸講談会や学術討論会を主導し、その成果を五日市憲法に結実させた千葉卓三郎は、その講談会や討論会の実態を手厳しく批判している。「論者の顔色に目を注ぎ、正理を棄て不理を取り、理に党せずして人に党し、理に賛ぜずして人に賛し、理非その地位を転倒し、理は非に決し、非は理に決しざるに至る」。

日本人は丁々発止の討論ができない。

◆軍隊と「抗命権」

●戦争は、時の政府が勝手に宣戦布告して始まる。ウクライナ戦争は理不尽にもプーチン政府が始めた。

だから、「日本国憲法」の前文には「日本国民は、……政府の行為によつて再び戦争の惨禍が起ることのないやうにすることを決意し、ここに主権が国民に存することを宣言し、この憲法を確定する」とある。

政府が戦争を始めるのだが、今、政府を構成している連中が戦争を知らない世代。しかも、前線に出て戦うわけではない。戦争をしないためには彼らを戦場に送ることだ。

長谷川如是閑は約百年前に「戦争絶滅受合《うけあい》法案」なる法案を思いついた。「開戦後10時間以内に次の者を最下級兵卒として最前線に送ること。①元首②その家族③首相・大臣・次官④戦争に反対しなかった代議士ら」。こうなれば、政府の行為に因る戦争は絶滅する。

●しかし、前線のロシア軍兵士には「抗命権」がないから、現地指揮官の命令であれば、凶行にも及ぶし、上官の命令がなければ、投降もできない。一方、ウクライナ政府は18歳から60歳のウクライナ人男性の出国を禁じ、ロシア軍と闘え、と命じている。

一九三九年夏のノモンハンではモンゴル人民共和国軍のモンゴル族部隊と満洲国軍のモンゴル族部隊が闘う羽目になった。満洲国軍のモンゴル部隊からは戦場離脱や投降が相次いだ（拙著『ノモンハン戦記を読み解く』二〇二二年）。

ロシア人もウクライナ人も、同じ東スラブ民族。プーチン政府の命令によって、同じ民族同士が闘う羽目になった。

ドイツ連邦の「軍人法」第11条は、兵士は上官に従わねばならないが、「その命令が人間の尊厳を損なうものであるか、任務外の目的のためならば、従わずとも不服従には当たらない」とし、「犯罪につながる命令に従ってはならない」と規定している。ドイツの兵士は自分の良心に従って命令を拒否できる。

ロシア政府系の世論調査でも独立系の調査でも、ウクライナ侵攻時にロシア国民の80%がプーチンを支持していたというが、信じ難い。ウクライナのために戦うロシア人部隊「自由ロシア」も出来ている。ウクライナ軍は投降したロシア軍兵士や、侵攻前からウクライナに住んでいたロシア国民が参加している。

●生活保守主義と大勢順応の「空気」が怖い。総じて日本国民は「お上」の意向を忖度して体制を翼賛し、日本は体制翼賛社会化している。安倍晋三は官民調和の「空気」を作った。

今、「〇〇する力」と題する読み物が出回っているが、今の日本で最も必要とされるのは、「お上」に異議申し立てする力、「体制に抗する力」かもしれない。

✍天皇陛下に謝罪する罹災国民

●堀田善衛は一九四五年一八日朝早く、東京大空襲の焼け跡を見に出かけた。九時すぎかと思われる頃、自動車、ほとんどが外車である乗用車の列が永代橋の方向から現れた。そして「小豆色の、ぴかぴかと、上天気な朝日の光りを浴びて光る車のなかから、軍服に磨きたてられた長靴をはいた天皇が下りて来た。大きな勲章までつけていた」。

すると、焼け跡を掘っくりかえしていた男女が集まって来て、「もっていた鳶口や円匙を前に置いて、しめった灰のなかに土下座をした」。これらの人々は「涙を流しながら、陛下、私たちの努力が足りませんでしたので、むざむざと焼いてしまいました、まことに申し訳ない次第でございます、生命をささげまして、といったことを、口々に小声で呟いていたのだ」(堀田善衛『方丈記私記』)。

翌日の「朝日新聞」は、「御徒歩にて焦土を爨はせ給ふという大きな見出しを掲げ、写真入りの記事を載せ、第一面のほとんど全面を占めた。「爨」という字は「みそなわす」と読み、天皇だけに対して用い、「ご覧になる」の雅語的表現である。

コロナ禍終息後にコロナ禍が長引いたのは、私たち日本国民の「努力が足りなかった」からだと「お上」に懺悔などしてはいけない。「お上」が政治的に歪めたメッセージに染まってはならない。

●昭和二〇年八月一五日、大阪・茨木の国民学校の児童生徒たちは正午の「玉音放送」を聞いた後すぐに登校を命じられた。運動場に並ぶと、檀上の校長が「東の方を向いて正座し、天皇陛下に謝れ」と命令した。先生の言うことには絶対服従だったので、命令通りに全員、東を向いて正座し頭を下げた（二〇二二年一二月一七日付『朝日』の「声」欄の「語りつぐ戦争」から）。

戦時下の学校教育の呆れた一コマだが、敗戦後に日本国民一億が総懺悔《ざんげ》せよとはとんでもない。懺悔すべきは、天皇と東久邇宮も含む皇族、軍上層部、政官人ら戦争指導者である。

第3講

政治言語のレトリックとロジック

【前説】

曖昧なものほど始末が悪い。曖昧な物言いは争点を暈し反論の矛先を鈍らせる。曖昧な姿形で登場するファシズムは不気味で始末が悪い。

日本語は曖昧性に富んだ言語である。「日本では、曖昧《あいまい》な言葉が一番優れた言葉で、最も重んじられている」（ポルトガル人宣教師ルイス・フロイス）。相反する言い分を受け入れて曖昧にすれば「器」が大きいと評価される。

日本語には、一歩引いて、中途半端で、あやふやな態度を容認する言葉や言い回しが多い。「泰然自若」、「明哲保身」「半信半疑」…。日本語は主体を消し暈し、日本人は決然としない。武《む》野《の》武治《たけじ》は東京外語時代、スペイン語の作文で「半信半疑」と書いて、スペイン人の先生に怒られたと謂《い》う。１％でも疑っていれば、それは「疑っている」ことだ、と（『日本で１００年、生きてきて』二〇一五年）。

どの言語の文法も語法も、それなりの完全性と論理性を備えているが、その表現上、曖昧性つまり解釈に幅が出て来る場合がある。ただし、どの言語にもその曖昧性を減じる表現法がある。

日本語は単数複数が不明確である。例えば、「蛙飛び込む水の音」と言った場合、蛙が単数か複数か不明であるが、「一匹の蛙」「二匹の蛙」「数匹の蛙」などと数量詞を付けることによって明確にできる。「10枚ほどください」と言われて、厳密に「10枚」なのかどうかを確かめたければ、「10枚でいいですね？」と質《ただ》せばいい。

詩的に表現する場合などは、意図的にその曖昧性を活用して、表現に含意を持たせることもできる。ウィリアム・エンプセンは詩に見られる曖昧性を七つに分類した（『曖昧の七つの型』一九三〇年）。

日本人は婉曲と隠蔽の文化を培ってきた。日本語は曖昧性に富み、日本人はほのめかしが得意だ。日常の言語生活においては、主張や真意を曖昧にするための表現を好む。政治的言語においては故意に「暈《ぼか》し」「擦《ず》らし」て「躱《かわ》す」言語運用がしばしば見られる。

井上ひさしは、非直言的な言い回しを「朧化《ろうか》」表現とか「朧化語」と呼んだ。要するに、「朧化」は表現を暈して真意を曖昧《あいまい》にし、どのようにも言い繕うのに便利である。上の者は曖昧な言い方をしておき、結果が拙《まず》ければ、下の者が勝手に「忖度」してやったことにすればいい。

政官人は論点を「ずらし」「かわし」「ぼかす」の三原則（都築勉『政治家の日本語』二〇〇四年）で、巧みに「逃げる」。「ずらし」「かわし」「ぼかして」逃げるのが政官語の基本文法である。

「変化は言語の本質に属する」「言語においては無意識、無目的なものは何一つない」（E．コセリウ）。政官人は意図的に暈《ぼか》し、逃げる。

「他の科学と違って」と言いつつ、フェルディナン・ド・ソシュールは『一般言語学講義』に「観点に先立って対象があるのではなくて、いわば観点が対象を作りだすのだ」（小林英夫訳）と言い残している。

以下で私は、「はずし」「かわし」「ぼかす」という「観点」で政官語を焙《あぶ》り出す。

（一）暈しの政治言語「暈しは逃げ」

都合の悪いことは聞き流し、逃げるに如《し》かず。論点を暈《ぼか》して躱《かわ》す。「官僚の基本的な特徴は何よりも責任の回避である」（H．D．ラスウェル『権力と人間（POWER AND PERSONALITY）』一九四八年）。逃げは政官人の得意技だ。

日常生活で一般人も、逃げ道を残して置くために言葉を暈す。美味しくない食べ物であっても、嫌な奴であっても、対象を全面否定せず、「ちょっと苦手かも」と暈して逃げる（二〇二二年一〇月六日付『朝日』「言葉季評」での歌人の穂村弘の発言）。

✍呆けと惚けの境界

●政界は老害に侵されているが、呆《ぼ》けと惚《とぼ》けの境界が不鮮明。老化すれば、頭が暈けるのは自然だが、呆けと惚けの別は判然としない。自民党長老の二階俊博幹事長がその典型。

呆《ぼ》けは高齢化と共に進みがちな退化現象で、悪化すると痴呆症と呼ばれる。しかし、惚《とぼ》けは若年層でも装える意識的な演出で、年齢に関係ない。高齢化すると、呆けか惚けか傍目《はため》にも当人にも判然とせず、その境界は暈《ぼ》ける。

ただし、最近の中年女性の発言は明らかに惚《とぼ》けである。高額の金銀の授受の「記憶が飛んじゃって」（安倍昭恵）しまうものか。「私の記憶の基づいた答弁であって、虚偽の答弁をしたという認識はない」（稲田朋美）と居直っても、記憶違いの答弁であれば、虚偽の答弁にならないか。ただし、「議員証言法」で偽証罪に問われる「虚偽の陳述」とは客観的事実に反する陳述ではなく、「証人の記憶に反する供述」を意味する。法律に熟知する弁護士であった稲田防衛相ならではの、始末が悪い答弁である。

首相夫人と女性防衛相の名前を混同したら、それは呆けだ。鴻池を籠池と呼んでも実態に違いはさほど無く、単なる言い間違え。偽証と認識しなくていい。

●認知科学の専門家は心の働きの偏りやゆがみを「認知バイアス」と呼ぶ。ひとは偏見や先入観などの「バイアス（bias）」から逃れられない。

東京五輪・パラリンピック組織委員会の会長が「女性が多いと、会議に時間がかかる」と失言したのも、ベテラン女性秘書を、「女性というにはあまりにお歳」と評したのもバイアス。年寄りはバイアスと好き嫌いが激しい。

●呆けや惚けは老人特有のものではない。まだ働き盛りの政事業者の木原官房副長官や山際大志郎・経済再生相の記憶の衰えが酷《ヒド》い。

旧「統一教会」の関連団体のパネルディスカッションに参加していたのに外部からの指摘を受けるまで思い出せなかった。事務所の日程表にも主催団体名がなく、木原氏の記憶にもなかったと言う（二〇二二年九月）。まだ五〇そこそこの木原氏が政事業を続投するには記憶力が危うい。

山際経済再生相も、指摘を受けるまでネパールやナイジェリアに出かけたことも思い出せず、「これから何か新しい事実が様々なことで出てくる可能性がある」（二二年一〇月一八日）と惚け答弁。

指摘されれば、記憶が蘇るのだから、呆けではない。

山際氏は「朧化能力」に優れ、接触した事実を暈す。「統一教会」のトップと並んで写真撮影しても面会しても、「お見かけした」したと暈した。

❶主体を暈す

◎間接表現と丁寧表現

●日本語の構造は明確な主述構造を採らず、述語一本立て。日常的なお喋りでは、話し手自身が話しの途中で主格が分からなくなって、主格をもう一度繰り返したりする。無用な「が」を乱用し、「中止法」を連続させれば、思考の流れが「朧化」した長々しい文になる。単文あるいは短文を積み重ね、接続語と指示語を使えば、論理関係が明確になる。

日本人は、主体を露骨に出さない。日本人は、よく「お茶が入りました」と言う。主語を省き、自動詞で自発性を表わす。英語的に言えば、「私はあなたのためにお茶を入れた」となるのだが、日本人は行為主体を必要としない自動詞を愛好する。

●公衆トイレで「いつも綺麗にお使い頂き有難うございます。」という表示をよく見かける。“We appreciate your kindness by keeping the toilet clean.”と英語の直訳が付いていることもある。要するに「きれいに使え」「汚すな」ということだ。

日本人は「穏やかに」語ろうとし、角の立たない言い回しと間接表現を好み、話し下手《べた》を良《よ》しとする（金田一春彦『日本人の言語表現』一九七五年）。
●日本人は一般に寡黙で反理知的であることを良《よ》しとしがちで、口数の多い人や雄弁な人を信用しない。

武士道は、「自己は価値のない存在で、上位者に完全に仕えてこそ意義がある」とする。禅は、「人生への反主知主義的なアプローチを理想化し、より優れた認識の世界に到達できる」としている。共に自己を過度に抑圧する忍従の倫理である（ウォルフレン『日本／権力構造の謎』）。

「誠」の英訳は sincerity ではなく loyalty（忠誠）である。武士道も禅も、自分の置かれた社会的・政治的環境を「定め」として受容せよ、と説く倫理道徳。だから、『葉隠』は「武士道といふは死ぬ事と見付けたり」と、死をも従容と受け入れる。

●「忖」も「度」も「押し図《はか》る」という意味。だから「忖度《そんたく》」するとは言外の意を汲み、「他人の気持をおしはかる」こと（『新明解国語辞典』）である。秘書も「お付きの人」も部下も、お仕えする方の間接な物言いから、お気持を察し、取り図る。真意を忖度して関係機関に口利きや働きかけをするのが下の者の職務の一つだ。そうしなければ、「察しが悪い」とお咎《とが》めを受けるだろう。不法行為であることが露見したら、上の者は下の者が勝手にやったことだと言い逃れられる。

●日本人の人間関係の基本は、「私とあなた」「あなたたちと私」という二項関係。第三者は稀《まれ》にしか、つまり「私とあなた」との関連でしか登場しない。第三者も入れたプライベートではない関係、つまり第三者つまり「赤の他人」との関係である公共道徳は、日本社会ではなかなか確立しない。

従って、日本語は一人称や二人称の主語をよく省略する。日本人は、独立の行為主体という意識を明瞭にしたがらない。主語が省略されるだけでなく、文中で行為主体が転換していることも意識しない。日本語の方言や俗語では、一人称の代名詞と二人称の代名詞とが転換して用いることがある［例えば、「われ」「手前」］。

自称を三人称に替えると、自己主張を客観化できるが、主体性が暈ける。だから、私は拙著中で自分自身を指す時は「筆者」とはせず、「私」とする。

●「我が国は、先の大戦における行いについて、繰り返し、痛切な反省と心からのお詫びの気持ちを表明してきました。」

戦後七〇年に合わせ「閣議決定」を経て出した「安倍談話」は、「村山談話」「小泉談話」に盛り込まれた「植民地支配」「侵略」「痛切な反省」「心からのおわび」といった文言を散りばめてはいるが、誰が誰に謝罪するのか判然としない。「先の大戦における行い」とは具体的にどんな行いを指すのか明確でない。

間接的な表現が目立った。主語として「私は」を一度も用いず、その英訳文でも「I」はたった4回しか使われておらず、代わりにweあるいはJapanを頻用し、主体性のない談話に終始した。

●オバマ米国大統領が二〇一六年五月二七日、広島で行なった演説を、日本人の多くは「素晴らしい」と評価し、演説冒頭の欺瞞のレトリックに気づかなかった。「七一年前、明るく、雲一つない晴れ渡った朝、死が空から降り、世界が変わってしまいました（Seventy-one years ago, on a bright, cloudless morning, death fell from the sky and the world was changed.）」。自然現象として原爆が落ちて来たのではない。当時の米国大統領が投下を指示して、世界を変えたのだ。「落ちる」もfall

も自動詞で、他動詞の change「変える」は受身形にしてある。主体性を暈す常套手段である。

●会議を開いて決めたことでも「…することになりました」と報告し、「決めた」とは言わず、「決まりました」がせいぜいで、あたかも自然にそうなったかのように告げる。「なる」は「主体の意図的な働きという意味合いを排除する」（池上嘉彦『「する」と「なる」言語学』一九八一年）。文末の「なる」は、「考えられる」「思われる」「感じられる」などと同様に「責任逃れ」に使える（板坂元『日本人の論理構造』一九七一年）。「見られる」も主体を隠し責任逃れに便利だ。「梅雨は明けたと見られる」―「梅雨が明けた」と判断したのは気象庁なのだが、梅雨が明け切っていない場合、判断ミスを隠蔽できる。

近年、「背中を押されて」と言う言い回しがよく使われる。「後押しする」は「支援する」よりヒューマン・タッチである。「背中を押されて」「…することになった」と言えば、よりヒューマン・タッチになる。しかも「なる」は、「主体の意図的な働きという意味合いを排除する」（池上嘉彦）。他人に推《お》されてのことだから、失敗しても、自己責任は薄まる。

安倍首相は改憲を考えている人たちを「責任感の強い人たち」と呼んだ（二〇一六年一月一〇日）。すると、安倍首相も「責任感の強い人」であるから、憲法を改正することになったとは言うまい。

●物理学者の桜井邦朋は、「思う」「思います」を用いると「感情に絡んだ情緒的なものとなり、客観性を欠くことになりがちだ」と指摘する。論文や報告文では、避けるべきだ（『日本語は本当に「非論理的」か』二〇〇九年）。重大事故を起した企業の責任者が「心からお詫びしなければならないとは思っています」と言っては、責任を痛感していないことになる。
●社会言語学で言う「丁寧（politeness）」とは聞き手の気を悪くさせないよう、話し手がさまざまな調整を行うこと」。「人間とは実に些細なことで気分を害する動物であり、話し手は相手を不快な気持ちにさせないよう細心の注意を払うのである」（スティーブン・ピンカー『思考する言語』二〇〇七年）。従って、丁寧表現は「もっともわれわれの意にかなう偽善」（A．ビアス『悪魔の辞典』一九一一年）である。

コーヒーを注文した客に、「こちら、コーヒーになります」。駅で「1番線に参りますのは東京行きになります」。「です」だと断定が強すぎ、「でございます」だと畏《かしこ》まり過ぎ。「になります」とすれば丁寧表現になる。

◎**「動作主」の「場所化」**

行為主体を暈す時、日本語は「動作主」を「場所化」する。動作主であるはずの主体を場所化し、その場所であたかも（主体なき）行為が生じているかのような形を採る。

（例1）古池ヤ蛙トビコム水ノ音

（例2）天皇陛下ニオカセラレマシテハ、オ召シ上リニナリマシタ

「古池ヤ」は場所であり、跳び込む現象がその場所で起こる、という意になる。切れ字の「ヤ」は英語の前置詞の into に相当する。個別性も薄れ、蛙が一匹か数匹かも念頭にない。（例2）は天皇を「場所化」することによって、丁寧に敬意も表わしている。行為主体は出来事の背景に退き、身を隠

せる。

「有識者会議においては天皇の御公務の負担軽減等を図る方策について、このような天皇の地位に鑑み、多くの国民の意見をくみ取るため、様々な見解を有する専門家の意見も伺い、幅広い観点から議論を重ねた。」（「天皇の公務の負担軽減等に関する有識者会議」最終報告）。

「僕は、芝居で大事なのはリアクションだと思っているところがあります。」（俳優の岸部一徳）。

「不徳の致す所」とは「自分及び自分をめぐる不結果一般につき、社会的責任を感じている旨を表明する、形式的な謝罪の言葉」（『新明解国語辞典』）で、「罪はない、と言っている」のに等しい（筒井康隆『現代語裏辞典』）。自分の全人格ではなく、「場所化」した人格の一部である「不徳」が社会的に許されない非行を為さしめたと、言い訳しているのである。

●主体を暈すために、故意に場所的な抽象語を用いる場合もある。官僚は「国家（state）」や「政府（government）」の代わりに「国（country）」という言葉を「眩《めく》まし」に使う。本来の意味の「国」は、「国民ならびに国民が生活を営む社会と国土の全体」。政府や官僚機構は「国」全体の小部分。行政訴訟で政府関係者は、彼らが「普遍的公益」を代表していたかのように、「国の主張が認められた」とコメントし、マスコミもそう報道する。彼らは「国」を僭称し、国民の主張は「特殊的利益」と貶《おと》められる（芝田進午『「国」という〝眩《めく》ましの言葉〟』一九九六年九月一三日付「週刊金曜日」）。

「復興予算が電力会社の支援に百億円流用されていることが露見すると、経済産業省は「国の要請で原発を停止させたことによる負担増を穴埋めするため」と説明した（二〇一三年六月二八日付『朝日』）。ここで言う「国の要請」とは経産省の要請である。「国益」は、一般国民の利益ではなく「国」

を僭称する政官業界人の利益である。

財務省近畿財務局員の赤木俊夫氏の妻が二〇二〇年三月、夫の自殺は公文書改竄を強要されたためだとして「国と佐川宣寿《のぶひさ》・元同省理財局長を提訴した」(二〇年三月一九日付『朝日』)。この場合の「国」は、上司である麻生財務相と安倍首相の政府を指す。

無力な一個人が主語では、主語は小さく軽いが、「お上」や権力者が主語になると、主語は大きく、重くなる。

●小池百合子都知事は、よく文末を「ところでございます」と結び、例えば「感染防止対策の協力を要請するところでございます」と語る。「ところ」は「その動作が今始まろうとしたり、進行中であったり、ちょうど完了したばかりであったりする意を表す」(金田一春彦編『学研現代新国語辞典』)。だから、彼女がその政策や方針に今、取りかかったのか、進行中なのか、完了したのかを暈すことができる。

❷争点を暈す

日本語は主語なしで主体を暈せるが、主題を暈すこともできる。政官界人は、助詞「は」「を」「に」「で」「の」「も」で済ませる所を、「については」時には「についても」という言い回しにし、主題を特定するように見せて、それが以下の文言と「どういう関係なのかを明確にしない」(イアン・アーシー『政・官・財の日本語塾』一九九九年五一頁)。

「労働者構成については高齢者、長期勤続化、ホワイトカラー化の進展といった変化がみられる」（『労働白書』）

「企業についても意識の変革を進め…」（「経済審議会」の報告書）

「わたくし的にはそう思う」

この言い回しは英語の as for…/as to…に相当するだろう。

「脱原発」を「卒原発」（嘉田由紀子）、「護憲論」を「選憲論」（上野千鶴子）と言い換えるのは言葉遊び。言葉遊びも争点を暈す。

二〇二二年四月のフランス大統領選前のテレビ討論会で、マクロン候補もル・ペン候補も争点である政治課題については瑣末的な言い合いに終始した。原発については両候補とも推進派なので、本格的な論争に至らなかった。マクロン候補は再生可能エネルギーも主張し、環境派に秋波を送る始末。両候補ともウクライナ戦争終結のための具体的なヴィジョンも示さなかった。通常は80％前後の投票率だが、決選投票での棄権と白票は32・59％に及んだ。結果、マクロン候補は全有権者の38・50％の得票で再選された。

二二年五月の新潟知事選でも、原発再稼働の是非の争点化を避けた。

❸断言しないで暈す

英文は冒頭で結論を述べるが、日本文は大抵、最後に結論を述べる。中途に結論を挿入する場合も稀にはある。しかし、起承転結の論展開をするかに思わせて「承転」を長々と述べ、結論をどこにも明記しない場合もある。

「にわかに判定し難い」「…と思うが、いかがなものだろうか」「…と言い切るのは穏当を欠くかもしれない」などと、「結」を結ぶ。

主張を暈す小狡《こずる》い手法である。

❹文末で暈す

●日本語は「文末決定性」の言語。話者の心的態度［心態（Modality）］は文末で決まる。日本人は「かなあ」「かしら」「だろう」「であろう」「と見てもよい」「と言ってよいのではないかと思われる」などと非断定表現を文末に置く。「言葉尻《じり》を捉《とら》える」のは、文末が話者の心態を明示するからだ。

私は言葉尻《じり》に拘《こだわ》る。文末を、言文一致運動なら、文末を「です調」、「だ調」、「である調」にするかに拘り、演説なら「ござる」「ござります」「であります」にするかで論調が変動した。

●日本語文法は語類を二つに大別する。橋本文法は単独で文節を成す自立語を「詞」と呼び、単独で文節を成さない付属語を「辞」と呼んだ。時枝文法は事物や事柄の客観的表現を「詞」と呼び、事物や事柄に対する話者の立場の直接的表現」を「辞」と呼んで、「言語主体の立場」を重視した。

さらに時枝は、「詞」だけの言語表現はあり得ず、具体的な伝達としての言語表現は常に「詞＋辞」の形になる、とした。「話者独自の立場による態度・気持ちなどの表現」である「辞」を重視し、

「詞」だけの言語表現はあり得ず、具体的な伝達としての言語表現は常に「詞＋辞」の形になる、とした。「辞」には接続詞・感動詞・助動詞・助詞などが該当する（時枝誠記『国語学言論』一九四一年）。

●助動詞や助詞のような「辞」は文末に来る。日本語は大事なことを後《あと》出しにする「文末決定語」なので、伝え手の真意は最後まで読み聴きしなければ分からない。だから、暈しは大抵、文末に仕掛けられる。

日本語は大事なことを後《あと》出しにするから、伝え手の真意は最後まで読み聴きしなければ分からない。だから、暈しは大抵、文末に仕掛けられる。「〜とか」や「〜みたいな」、合わせて「〜とかみたいな」と言う「トカミタイ言葉」、さらに「〜（とか）なんかなんて言っちゃって」とする「ナンカナンテ言葉」。「ん」を入れて柔らかくする－「〜んです「ないんじゃないか」。「よくってよ」「いやだわ」の「テヨダワ言葉」は明治期からある。「マア、いいんだ」「アラ、ずるいんだ」「へえ、じゃあ好きなんだ」と言えば、話し手の主観や確認の雰囲気が薄まる。

自分で残して置いて「残して置いたらしい」と言う。黒柳徹子は自分のことなのに「おなかがすいたようよ」「何か食べたいようよ」という言い方を流行《はや》らせた。

文末を「と言いたい」「わけです」「〜なのでは…」「〜と思うんですけれども…」「〜と見てよい」「〜と言ってよいのではないかと思われる」とすると、主張が弱まってくる。「と言うと嘘になりますが」と言われると、何《なん》ともまどろっこしい。「よろしいんじゃないですか」では、全くの他人事。ひどく不条理なことにも「少しおかしいのではないだろうか」「いかがなものか」と異議を弱める。「〜

ではないでしょうか」「〜というような気がする／気はする／気もする」「〜ではないんじゃないかなぁと思う」と及び腰、「なるべくならそのようにあってほしい」「個人的にはそう思うこともある」と腰砕け。他人を気遣うというより保身のための非断定的表現は、挙げれば切りがない。

小泉純一郎は、演説という公的でフォーマルな発話行為の中で、「なんであります」などフォーマルな文末表現と「ですよ」などインフォーマルな文末表現を巧みに使い分け、実感を盛り上げ、演説に躍動感を出した（東照二『選挙演説の言語学』二〇一〇年）。

●日本語は文末に「かしら」「だろう」「なあ」などの表意語句を置き、話者の主観的判断が現れるが、ドイツ語や英語などは、「〜にちがいない」「〜であろう」「〜してよい」などの「法助動詞」で主観的な判断を表わす。ヒトラーの演説は中盤あたりから、「〜しようとする」／「〜したいと思う」（wollen）とか「〜であろう」（werden）など使い始め、終盤になると、「〜してかまわない」（dürfen）を経て、「〜できる」（können）、「〜かもしれない」（mögen）などと続き、演説の最後を「〜ねばならない」（müssen）で結んだ（高田博『ヒトラー演説』二〇一四年）。

●英語にも不確実性を意味する表現はある。perhaps は確実度が50％以下で、maybe,possibly の順で確実度が低い。助動詞 may を使えば、さらに確実度が低くなる。

日本人の英会話には maybe（たぶん）や probably（おそらく）、I think（…と思う）などという挿入が多い。しかし、英語では自信なげに聞こえる（東京で長年、英語を教えているデイビッド・セイン氏）。これは、断定を避け、主体性を暈す日本人の会話の影響だ。

●「言語明瞭、意味不明」だった竹下登首相は「薄め、控えめ、まじめ」を原則とした。言質《げんち》を取られないためである。「なかろうか」を連発し、「違うと思う」と言わずに「ちょっと違うのじゃないかな、こんな感じを持っております」と薄める。ひたすら謙譲の姿勢を示し、「乏しい頭」「私なりに」「平素乏しい知識」などと遜《へりくだ》り、「記憶が正確ではありません」と惚《トボ》け、大したことでなくても「非礼千万」と恐縮し、素人の自分が意見を言うのは「非礼ではないかと思います」と逃げる。「勉強させていただく」「調べてみた」「率直に申し上げる」などとマジメ振りを演じるのを得意技とした。

●「先生に言い付けてやるから」と結末を濁らせる。「明日お目にかかりたいのですが」と言いさす。（機内の座席のバックルを）「反対にお通しになったほうがお宜しいのではないかと思いますが」と持って回る。この「が」の乱用には小賢《こざか》しさと狡《ずる》さがある。文末を宙ぶらりんにする言い方には、相手の顔色を窺《うか》がう卑屈さがある。

●「〜と言うものがある」「〜と思われるフシがある」と断定を避ければ、責任は弱まる。自分で忘れて置いて、「忘れたらしい」。黒柳徹子のように、自分の実感なのに「おなかがすいたようよ」「なにか食べたいようよ」と他人事のようにも言える。その話し方が「他人《ひと》事節《ごとぶし》」だと言われた首相もいた。政事を他人事にする政治家は政治家ではない。

「（安倍氏国葬に賛否があることは）承知している」と他人事節。「承知している」のに、強行する理由の説明をしない（二〇二二年八月）。

「いかがなものか」は「反意」「批判」「苦言」を和らげるので、如何《いかが》わしい政治的発言には便利。英訳して、I doubt if ... と首をかしげれば、かなり直言的になる。

●文末を受け身的な言い回しにすれば、行為主体も主体性も暈せる。「とされている」「ということになる」では逃げ腰だ。

行為者を隠し、「調べによると、容疑者は、遺骨を同村内の山林に捨てたとされる」。「捨てたとした」のは警察だ。「手抜き除染」の取材に対して大成建設は、「側溝に水が流されているとは指摘されていない」と受け身的に弁解した。福島第一原発の放射能汚染水漏れの現場を視察した安倍首相は二〇一三年九月一九日、汚染水の影響は一定範囲内で「完全にブロックされている」との認識を再び示した。汚染水を流したのは、大成建設に雇われた現場作業員、汚染水の海洋流出はなお続いている。「している」は受動態でも能動態でもない「中動態」で、「認識する」「認識した」の主体を隠す。二〇二三年の春か夏には「処理水」として海に放出される。

「桜を見る会」を巡って「私は、幅広く募っているという認識だった。募集しているという認識ではなかった」(20年1月28日)。「募る」と「募集する」は同じ意味で、「ご飯論法」。この安倍首相の珍答弁は「認識」の違いに因ると言うより、「知識水準」の低さに因る。

本著では、主体性を明確にするために必要に応じて主語を立て、文末では「なる」/「される」「された」を避け、努めて「する」「した」/「させる」「させた」とする。
●「あげる/やる/もらう」、「くださる/やる/いただく」などの授受表現は、敬意や謝意、恩恵や不利益などを含意させ、対人関係や他者への配慮を意識して使える。しかし、客観的な記述が要求される説明文や報道文では、この種の授受表現は避けるべきだ。

❺誇張と謙遜で暈す

●G・オーウェルは「政治と英語」（川端訳）で、政治英語の特徴として「イメージの陳腐さ」と「正確さの欠如」を挙げた。具体的には「婉曲法」と「論点回避」と「朦朧《もうろう》たる曖昧性《あいまいせい》」のことである。

「誇張」は聴衆を眩惑する。ヒトラーのような煽動政事家は、「最高の」「途方もない」「熱狂的な」「世界（的）」などの誇張表現を愛用し、繰り返し用いた（＝反復法）。漠然と「根本において」「多くの点で」と規定し、「二〇年または二〇〇年」のように幅の広すぎる時間設定をして、聴衆の知性を朦朧とさせた（高田博行『ヒトラー演説』）。

「大げさな言葉使い」（誇張）も一種の「婉曲法」で、「単純な言明を過度に飾りたて、偏った判断を科学的に中正であるかのように感じさせるために使われる」。語彙もギリシャ語やラテン語起源の音節の多い抽象語を好んで多用し、日本語なら、漢語の濫用だ。

政事屋は自己の存在をアピールするためにグランドスタンド・プレーし「大見得を切る」。

カナダ人日本研究家のイアン・アーシーは亀井静香や石原慎太郎らが大見得を切った例を幾つも挙げている（『政・官・財の日本語塾』）。疑惑には「天地神明に誓って、百％そういうことはない」などと大見得を切り、シラを切る。

直截《ちょくせつ》簡明な言葉で明瞭に語り明確に考えれば、政治は良くなる。言葉を周到に操作して悪化させたら、どうなるか。オーウェルは『動物農場』（一九四五年）と『１９８４年』（一九四九年）で、そんな社会を活写して見せた。
●過剰な丁寧表現が近年、多用されるようになった。「思ってございます」「感じてございます」と国会質疑の答弁などで頻繁に登場する。小池百合子都知事が文末で頻用する「…と考えておるところでございます」は文法上間違ってはいないが、長ったらしい丁寧表現である。
極端に遜《へりくだ》って見せて、反証に対する緩衝壁を設けて置く。イラン・イラク戦争、アフガニスタン問題などについて「専門の学者でもない者が侵略戦争かどうかの定義を断じるのは、僭越であり、おこがましいと思う」（竹下登）と躱《かわ》せる。

遜《へりくだ》って、却《かえ》って誇張できる。その気がないのにその気を極端に強調するのが政治屋の「誇張」。「私のごとき浅学非才な者が私なりに乏しき頭を絞りに絞り、血みどろになって、わたくし的にはおこがましいかな、みたいに感じちゃいますが、日頃の鬱憤《うっぷん》みたいなものを吐き出させて頂いたわけです」（竹下登）。

田中真紀子は、「大変、私は生来引っ込み思案でございまして、どちらかと言いますと、あまり上手にお話しできません」と謙遜しつつ、父親譲りの弁舌を振るった。

褒《ほ》めまくって褒めまくって、相手を閉口させるのが「褒《ほ》め殺し」。右翼の褒め殺しに遭って、さすがの竹下登首相も困惑した。
●私は「蠱惑」という漢語が読めなかった。「中学で漢文の初歩を」と漢文教育を推奨する丸谷才一『日本語のために』（一九七八年）は、「簡默雄頸《ゆうけい》な論説文を読ませることによって、現代日本人のともすればふやけがちな文体感覚を鍛へる」（四一頁）と書く。中学生にも私にも「簡默雄勁な論説文」とはどんな文体の文章なのか不明。ただ丸谷の『日本語のために』という論説文が簡黙雄勁でなく「蠱惑《こわく》的」で、およそ日本語のためにならないことだけは確かだ（拙著『コトバニキヲツケロ！』二〇一六年第Ⅱ部第2章「漢字の活用」を参照）。

●難解な漢語やカタカナ語で曖昧にできる。「恥ずかしい」と言わずに「昨今の改憲をめぐる動きに憲法学者として忸怩《じくじ》たる思いがある」と勿体《もったい》ぶる。日本精神神経学会は二〇一四年五月、「アルコール依存症」を「アルコール使用障害」に、「性同一性障害」を「性別違和」に呼称変更する指針を公表した。しかし前者では酒の飲み過ぎに因る「障害者」になり、後者が「違和」では意味不明で違和感がある。

「貧困労働者層」をカタカナ語で「ワーキングプア」と言うと、「働いているけど貧しい層」の実在を曖昧にできる。原発の「建て替え」を「リプレース」とすれば、建て直し作業は目立たない。

（一一）同調圧力の政治言語

●一般的に「同調」にはメンバーが実際に同調している場合と表面上は同調しながら、内心では同調していない場合とがある（南博『体系社会心理学』一九五七年318頁）。

前者はその集団の規範に納得して同調したり習慣的に同調する場合である。後者は何らかの非難や罰則を怖れて便宜的に同調する「私的な非同調」であるから、「面従腹背」と呼ばれている。

集団の統制力に従わず、同調しないメンバーは異端者と見なされ、他のメンバーから同調を促す「同調圧力」がかかる。日本語には同調を強制する脅し文句に富んでいる。「あとで後悔するぜ」「闇夜の晩には気を付けろ」などなど。

米国にもマスクに関しての同調圧力はある。同室の人にマスクを着けている人と着けていない人がいる場合、気まずく（awkward）になる。すると、その気まずさを解消するために全員がマスクを外す方向に同調圧力が働くらしい（米マイクロソフト創業者のビル・ゲイツ）。

●一五年戦争中、日本国民は戦争協力しない者たちを「非国民」呼ばわりし、戦後は知らぬ顔して、「民主主義」という新しい時勢の旗を振った。

「長いものには巻かれよ、太いものには呑《の》まれよ」。日本人は大勢の「空気」を読んで、強い勢力に擦《す》り寄り大勢に従順である。都庁幹部までが「空気」を読んで言動する。与党議員は「一強」の安倍首相に同調し、首相の所信表明演説には総立ちして拍手を送った（二〇一六年九月）。一億総ヒラメ化し「お上《かみ》」の意向を忖度《そんたく》し、空気を読んで同調するのは今や、日本人の国民性となった。

同調圧力が嵩《こう》じると、沈黙や静観は許されず、同調表現を発するようにと圧力がかかる。G・オーウェルのディストピア小説『１９８４年』には「二分間憎悪」の時間があり、職員はテレスクリーンのヘイト・スピーチを聴いて、同調の喚声を叫ばなくてはならない。

今の日本にも、当代の「お守り言葉」（鶴見俊輔）を愛用する体制翼賛派が数多《あまた》いる。「グローバル化」で日本人を「三等英語国民」にし、「観光先進国」になるためにカジノを導入する。

●日本人は、とにかく「ハイ」と言う。同意同感していなくても、よく頷《うなず》き、文末を「…ですね」で結んで同感を誘導する。

日本人は「ノー」と言えない。違っても「ハイ」と言う。英語のYesは、後に肯定文が続く前触れ。日本語の「はい」は、「あなたの言葉を聞いています」程度の合図に過ぎない。英語のNoは、後に否定文が続く前触れ。日本人は相手に気がねするから、めったに「いいえ」と言うことはない。

日本語の同調表現の中で最も多用されるのが「なるほど」。「なるほど」「なるほど」で話しを聞き流せる。「なるほど」と同感して見せて、文末を「ですね」で結んで、共感を一時、共有できる。「さすがに」「だけに」と相手に阿《おも》ね、「やはり」「やっぱり」と一般論に見せかける（金田一春彦『日本人の言語表現』）。日本語は、小狡《こず》く使える言語だ。

「日本人が相手に自分を合わせる態度は疑いもなく、日常の人間関係を快くし、和らげる環境を作り出している」。「誠」は「（自己を）隠すための社会的に認められた偽善を奨励している」（カレル・ヴァン・ウォルフレン『日本／権力構造の謎』）。日本では「服従をとおして忠誠心を育て個性をなくすような人格形成」が重要視されている。精神修養とは、「権威に対し無条件に服従しながら心静かにしていられる能力」を身に着《つ》けることである。

日本人は、なるべく穏やかに話しを続けようとし、相手の出方次第で方向転換の余地を残して置く。日常の会話で、「と考えるんですが…」とか「と言えるように思えるんですけど…」と文末を暈《ボカ》し、「と考えます」「と言えると思います」と、言い切らない。だから、テレビの討論番組も対立を避け、討論にならない。「はじめに結論あり」で司会進行される場合も多い。対談は馴れ合いの茶飲み話。これに大勢の「空気」の「同調圧力」がかかると、思考は画一化され通念化する。気の弱い私のような男は、険の立った女性に「じゃないですか！」と威嚇されると、つい同調しかねない。新語で「空気を読む」を「KY」と言う。

自民党の「憲法改正草案」はその前文に「和を尊び」という一句を入れ、これを「和の精神は、聖徳太子以来の我が国の特性である」と説明する。しかし、「和の精神」の背後には強制と排除の論理が潜む。「いじめ」の根底には「和」がある。

私は令和元年の漢字に選ばれた「和」を疑う。「流行語大賞」に選ばれた「ONE TEAM」を恐怖する。戦中で言えば、「一億火の玉」ではないか。挙国一致して何をするか。メダル獲得競争に狂奔するか。一億総ボランティアで外国人五輪客をおもてなしするか。

「和」とか「ワン・チーム」をスローガンに集団的な同調圧力をかけるから、「いじめ」も不正も起こる。

●国語辞典編纂《へんさん》者の飯間浩明は、「〇〇させていただく」という言い方を「謙虚さと威厳を備えた絶妙な表現」と評する。しかし、私には、婉曲だが「従わないとマズい」と思わせて有無を言わせず同意させる表現のように聞こえる。

●同調してほしいのは山々だが、言い過ぎを怖れて、自己主張を薄める言い回しもある。「〜とか」や「〜みたいな」、合わせて「〜とかみたいな」と言う「トカミタイ言葉」、さらに「〜（とか）なんかなんて言っちゃって」とする「ナンカナンテ言葉」。

昨今、関西人以外も、話しの末尾に「（よう）知らんけど」という言葉を付け足すようになった。

これは自己主張を薄めて逃げを決め込み、危なっかしい対話を終了させる表現。

勝手に自己主張しておきながら、「どうでもいい」と逃げを決め込む。その英訳は none of my business か。「よう知らんけど」。

●日本国民は新型コロナウイルス感染が拡大した時、「学校一斉休校」「イベント自粛」という首相独断の「要請」を、「お上」のお達しと受け取った。

「お上」の「要請」に異議を唱えない従順な国民を育成するにはどうすればよいか。保阪正康『大本営発表という虚構』は、「国民がものいわぬ状態」を創り出す「四つの枠組み」を提示している。

（一）教育の国家統制
（二）情報発信の一元化
（三）暴力装置の発動
（四）弾圧立法の徹底

この枠組みは現政権にも当てはまる。

（一）「教育基本法」を改悪し、教科書検定を強化し、教員の「働き方改革」で教員を管理し、道徳教育で体制翼賛的な「良民」を育てようとしている。「君が代」の起立斉唱はすでに徹底した。

（二）高市早苗総務相は二〇一六年二月、「停波」発言し、政府は、「政治的公平」や「事実をまげない」ことを求める「放送法」第4条の撤廃を検討し、「常時同時配信」に向けてNHKが認可申請していたネット業務に関する実施基準の改正案を総務省が待ったをかけた（一九年一一月）。

（三）の暴力装置は、デモ隊や座り込み抗議などに対する機動隊導入などに見られる。
（四）の弾圧立法の徹底については、二〇一四年一二月から「特定秘密保護法」が施行され、犯罪を計画段階で処罰できる「共謀罪」の趣旨を盛り込んだ「組織的犯罪処罰法改正案」が一七年三月、閣議決定した。

これらの枠組みに抵抗すれば、組織や共同体から放逐され、生活権を奪われるという報復を受ける危険がある。

●G・オーウェルのディストピア小説『一九四九年（Nineteen Eighty-Four）』は、言葉が歪《ゆが》められて思考が画一化された世界である。この世界はイースタシア・ユーラシア・オセアニアの三つの地域に分かれていた。オセアニアの公用語はNewspeak（新語法）。「ニュースピーク」は、「INGSOC（イングソック）」即ち「イギリス社会主義」のイデオロギー的要求に応えるべく考案された言語で、二〇五〇年頃までに完全に「オールドスピーク（旧語法）」（標準英語）に取って代わるものと期待されていた。オセアニア国民は「ニュースピーク」を「お守り言葉」（鶴見俊輔）として全般的に採用していた。

ウィンストンは真理省の記録局に勤め、記録の改竄作業に従事していた。一一時になると、「二分間憎悪」に始まる。ホール中央の大きなテレスクリーンがヘイト・スピーチを繰り出すと、次第に職員も憎悪の怒号を口走り、熱狂する。

●アンドレ・ジッドは一九三六年六月中旬から約一カ月、ソ連を旅し、同年一一月、ソヴィエト社会の現実を告発する『ソヴェト旅行記』を刊行した。ジッドは画一化された思考の社会を実見する。

「ソヴェトにおいては、何事たるを問わずすべてのことに、一定の意見しかもてないということは、前もって、しかも断固として認められているのである。だが、人々はみな、非常によく訓練された精神の持主となっているので、こうした順応主義《コンフォルミズム》も彼らには容易な、自然な、一向に平気なものとすらなっている。そこに偽善があろうなどと考えられないほどに」「毎朝、プラウダ紙は、彼らが知り、考え、信ずるにふさわしいことを彼らに教えている。その教えの範囲から外に出ることは危ない！　だから、一人のロシア人と話していても、まるでロシア人全体と話しているような気がする。これは各人が一つの合言葉に文字どおり服従しているからではなく、一切《すべて》が各人を類似させるように手入れされているからだ。しかも、このような精神の訓練は、ずっと幼い子供の時代からはじめられるのである」。ソヴィエト人は「他所《よそ》のいずこの国の人間も、彼らより幸福でないということを信じ込ませられていた（小松清訳）。

●ペレストロイカの一〇年ほど前のモスクワ市民は、こんな生活の知恵を体得していた――「考えるな。考えても語るな。語っても書くな。書いても署名するな。署名しても否認せよ。」

●高見順は昭和二〇年六月四日、「この頃、すべてが配給。会話も配給。」と記した（『敗戦日記』）。八月一四日、銀座の「エビスビアホール」に出かけ、久しぶりにビールを飲んだ。酩酊した客も居て、皆、声高に喋っていた。「けれど、日本の運命について語っているものはない。さような言葉は聞かれなかった。そういう私たちも、たとえ酔ってもそういう言葉を慎んでいる。まことに徹底した恐怖政治だ。警察政治、憲兵政治が実によく徹底している。――東条首相時代の憲兵政治からこうなったのだ」。

第4講

騙しの政官語「言い逃れ」

【前説】

「言語の堕落は究極において政治と経済に起因する」「われわれの思考がばかげているために英語が醜悪かつ不正確になっているのだが、反面英語が乱れているためにくだらない思考をいだくことが容易になっている。肝心なのはその過程を逆転できるということである」（ジョージ・オーウェル『政治と言語』一九四六年　工藤昭雄訳）。

政官人はボキャ貧だが、言語能力が劣っているわけではなく、特に責任回避の逃げの言語運用に長《た》けている。「智に過ぐればうそ嘘をつく」（伊達政宗）。「策士」の異名を取った三木武吉《ぶきち》は「わしは誠心誠意、嘘をつく」と放言した。

政官人は、「暈《ぼか》し」「擦《ず》らし」「躱《かわ》す」の三原則を専らにする（都築勉『政治家の日本語』二〇〇四年）。政官人は言語能力が足りないのではない。彼らには「ぼかし」「ずらし」「かわす」言語能力はたっぷりある。彼らは、論点をずらして躱し、自分の都合に合わせて言い換え、結論を暈す。

日本語は政官人に犯されている。「ことばの解釈は、時代の流れとともに、白から黒に変わることさえあります。一般のことばが、大多数の暗黙の合意のもとに変化するのは自然なことです。一方、政治のことばの解釈が、大多数の合意を得ないまま、政治家だけの判断で白から黒に変わるのは困ります」（国語辞典編纂者の飯間浩明）。

ひとは自分の認知的必要に応じて、用語を創り出す（サピアとウォーフの仮説）が、政官語は、一般人には特異な日本語である。

政官人はコミュニケーション不全を意図している。言語の共有が連帯意識を生み、民主主義社会が成立するが、政官人は日本語を歪め彼ら特有の政官語を操り、国民と言語を共有しない。それでは「問題意識の共有」（菅義偉《よしたか》官房長官二〇一九年三月）もできない。民主主義も侵されている。

以下で、特に政官人が常用する騙しの便法、つまり政官人の定番語法と定番論法を整理してみる。

（一）騙《だま》しの政官語法「言い逃れ」

政官人は「わかりやすい文章を書くまいとしてがんばっている」（井上ひさし『にほん語観察ノート』二〇〇二年）。

明晰な言葉で語り、相手の真意を忖度しながら、議論を進めても、議論が噛み合わないことがある。それは、相手が言葉の意味を自分の都合で勝手に歪め論点を逸らしてはぐらかし、議論を噛み合わなくするからである。

日本語は誤魔化しの利《き》く言語である。これを悪用して政官人は、「暈《ぼか》し」「擦《ず》らし」「躱《かわ》す」の三原則を専らにする（都築勉『政治家の日本語』二〇〇四年）。政官人は「ぼかし」「ずらし」「かわし」て逃げる。彼らは国会答弁で言質《げんち》を取られまいと、得意の政官語を駆使して逃げ回る。

以下で、政治屋と官僚つまり政官人が作文する「政官文」の欺瞞性を整理する。国会答弁は、前もって官僚が作文したものである。だから、想定外の切り返しに咄嗟《とっさ》の答弁をして失言する例も多い。政官語を体得している政官人には、それが自然な日本語であるが、一般人には奇異な日本語である。政官語の特殊性を暴く。政官人は犯すと言わずに日本語を犯す。

◎逃げの政官語法

●難解化して逃げる

キー・ワードにやたらとカタカナ語を使う。「リスク」を「事故発生の割合」とでもすれば、ぐっと分かり易い。

「ダイバーシティ」てって「多様性」てってこと？　なら、思想も信条も内心も自由だってこと。卒業式でマスク脱着が「個人の判断」なら、「君が代」の起立斉唱も「個人の判断」でしょ、小池都知事。

抽象的で堅苦しい漢語を多用し無内容に重厚さを加える。頻用する名詞に、「整理」「検討」「調整」「調査」「促進／振興」等がある。これらは「調整する」「整理を図る」「整備を行なう」などと容易に動詞化できる。これらを「整備される」などと受身形にすれば、なお更、不都合がなくなる。誰がやるのか分からなくできるから。これらの抽象語に「化」や「性」を付けて、「整備化」「脆弱化」「運賃の低廉化」、「技術的優位性」「中小の零細性」「運賃の低廉性」などとすると、より抽象性が高まる。

●「認識」して逃げる

とりわけ「認識」は便利である。「認識した」と言っておけば、その時は「そう認識した」が、

「今、改めて（別の）認識をした」と「言い逃れ」が効《き》く。「（秋元議員は）講演料は受け取っていないとの認識だ」（二〇一九年一二月、カジノ導入を巡る収賄容疑で逮捕された秋元司容疑者の弁護人）。稲田朋美防衛相であれば、「私の記憶に基づいた答弁であって、虚偽の答弁をしたという認識はない」と開き直れる。

陸自に保管されていた南スーダンでの陸上自衛隊の「日報」を陸自幹部会議が非公表にした経緯を稲田朋美防衛相に報告していたか否かについて、稲田防衛相は「報告を受けた認識がない」と開き直り、一七年七月二八日、陸自幹部五名を懲戒処分にし、自らも引責辞任を表明した。

麻生太郎財務相であれば、「赤木ファイル」の存在を知ったのは「かなり前。いつだったか記憶にない」（二〇二一年五月一〇日）。

「事実として私の記憶のある限りはお会いしていない」（柳瀬唯夫元首相秘書官一八年五月）。渡した名刺が出てくると、記憶がぼんやり甦《よみがえ》った。つまり、これまでの「記憶にございません」という政官人の愛用表現はより精緻になった。政官人は記憶を自由自在に消去したり、復元したりできるらしい。

大臣になると、「統一教会」絡みの記憶は抜け落ちるらしい。山際大志郎・経済再生相はネパールであった「統一教会」の会合などへの出席を問われて「報道を見る限り、出席したと考えるのが自然」と「認識」して他人事。パスポートで渡航記録を確認すれば分かること。

鈴木俊一・財務相は「統一教会」との関係について「記憶の限りにおいて、一切関わりを持っていない」、遠藤利明・総務会長は「記憶する限り全くない」と言明（二〇二二年八月）。関わりが判明すると、関わった記憶が微《かす》かに甦るかもしれない。

惚けと呆けの境界は不透明で、惚けと呆けの認識度は不鮮明。二つとも限りなく進行する。

●言い換えて逃げる

・政官人は「言い換え」によって本質を隠蔽し、国民をマインド・コントロールする。「故障」を「不具合」、「戦闘」を「武力衝突」と言い包《くる》める。特に防衛用語に微妙な言い回しが増えた。
防衛省は護衛艦「いずも」「かが」を事実上、空母化したが、空母とは言わず、「多機能な護衛艦」と呼ぶ。「空母」と呼んでは、「専守防衛」を逸脱するからだ。

自民党安全保障調査会は二〇二二年四月、「敵基地攻撃能力」をめぐって、名称変更を検討し始めた。「攻撃」という文言は物騒だから、削りたいとの声もあり、公明党の北側一雄副代表は「先制攻撃と誤解される」と言い、安倍晋三元首相は「攻撃対象を基地に限定する必要はない。向こうの中枢を攻撃することも含めるべきだ」と発言し、攻撃対象に「指揮系統機能」も含めた。安倍元首相は「戦争ごっこ」がお好きだった。

自民党安全保障調査会は四月二一日、「敵基地攻撃能力」を「反撃能力」に改称し攻撃対象に「指揮統制機能等」を含め、防衛費を対GDP比2％以上とする提言集をまとめた。

しかし、「敵基地攻撃能力」と憲法との整合性に関する文書は内閣法制局に存在しない。
・経済産業省は、「汚染水」を「処理水」と言い換えて「浄化」する。新聞までが「汚染」されて「処理水」と書く。政府はその汚染水の海洋放水を決めた（二〇二一年四月）が、東北3県の計42市町村長の6割近くが海洋放出に反対している（二二年二月）。経産相と復興庁は二一年一二月、全国の小中高校などに処理水の安全性を説明するチラシを計230万枚配った。東北の自治体は差し止めや回収を求めている。

・普通の日本語では「管理者／人」「経営者」「販売者／人」と言うのに、政官界では「管理主体」「経営主体」「販売主体」などと、やたら「主体」と言う。主体性が無いのが政官人なのだが。

「桜を見る会」の「主催は後援会だが、契約主体は参加者個人」（二〇二〇年二月四日）というのはありえない屁理屈。契約主体は安倍事務所だ。

・二〇二二年四月五日、ウクライナからの「避難民」20人が政府専用機で成田空港に到着した。彼らはあくまでも「避難民」であって、「難民」ではない。彼らを、90日間の「在留資格で受け入れ、1年間働ける「特定活動」への切り替えは認めるが、彼らに5年間の「定住者」資格を与えて「永住者」になる要件を緩和し、「難民認定」しようとするものではない。日本は一九八九年に「難民条約」に加入したが、相変わらず「難民認定」には消極的である。

●「検討」「精査」「先送り」「善処」して逃げる

「精査する」は、いい加減に再調査し、「見つからなかった」「なかった」と言い逃れするための前置きである。「検討する」は明言を「先送り」する便法。いつまで経っても「検討」は終わらない。「精査」や「検討」の期限や結果公表の有無については言及しない。「先送り」は「後回し」。「善処する」は何もしないこと。

英語の“I'll think about it.”（考えておく）は前向きにも無視にも取れるが、日本語の「考えておく」は「検討」しないこと、つまり無視すること。メキシコ人の“Penasarlo.”も、日本語に近い。

「先送り」と言うと、これからじっくり取り組むかのように印象づけるから政官人は好んで使うが、「先送り」は「後回し」の意で放っておくこと。(例)「カジノ規制先送り」。

●総花化して逃げる

選挙スローガンは総花化し、官僚作文は両論併記が常道。主張を暈し曖昧化して多様な解釈の余地を残し、言い逃れに利用される。

◎政官人は日本語を犯す　特殊化する日本語

政官人の日本語は特殊化し、一般人にはしっくり来ない。「権力ずれ」した彼ら政治エリートの言語遣いはグロテスクである。解釈の違いだけの問題ではない。政官人はコミュニケーション不全を意図している。

彼らは、論点をずらして躱し、自分に都合のいいことしか言わない。「謙虚」「丁寧」「真摯」「精査」などを死語にしてしまった。日本語の基礎を破壊する。

政官人は「犯すと言って犯しますか?」(沖縄施設局長)と開き直り、日本語は政官人に犯され、哭《な》いている。

●「お上《かみ》」からの「要請」は強制　庶民は「国」からの「要請」を「お上」からの命令と解する。日本人は戦前も戦後も「お上」に従順である。お上からのお達示に従わない者には「同調圧力」が掛かり、「アカ」だと言われ、「村八分」の制裁に遭う。江戸期の「村八部」とは、村での十種類の交際のうち、「火事」と「葬式」を除く八種類の交際を断つことだった。現代の「村八分」は全部の交際を断たれ、近隣から「鹿と《しか》」され「いじめ」を受ける。

下村文科相は二〇一五年四月、国立大学に入学式や卒業式などで国旗を掲揚し国歌を斉唱するよう「要請」した。「要請」はいずれ必ず「同調圧力」に変わる。安倍首相は、「正しく実施されるべきだ」と答弁した。下村文科相は同年六月の学長会議で「適切な判断」を口頭で「要請」した。

岐阜大学の森脇学長は一六年二月、これまで通り「君が代」を斉唱しない方針を明らかにした。これに対して馳《はせ》浩文科相は「日本人として、特に国立大学としてちょっと恥ずかしい」ことだとコメントした。民主国家が君主の長寿を祈願する「君が代」斉唱を一律に強制することこそ恥ずかしい。

● 「政治判断」は「政治介入」　安倍首相は二〇二〇年二月、唐突に「イベント2週間自粛」(二月二六日)と「全国の小中高に休校」(二七日)を「要請」した。「桜を見る会」と「検事長定年延長」の答弁に窮した安倍首相は、新型コロナ対策で追及を躱《かわ》す「政治判断」に出た。そして「全国の小中高に休校」を「要請」した翌日(二八日)、「柔軟に判断を」と、その運用を自治体に任せるという無責任ぶりを露呈した。

「東京高検検事長定年延長」も安倍首相の「政治介入」。安倍政権寄りの黒川弘務・東京高検検事長を検事総長に抜擢するための布石だ。特別法である「検察庁法」は一般法である「国家公務員法」に優先するが、首相は法律を強引に解釈変更する。一方で、国家公務員の定年を六五歳に引き上げる「国家公務員法」などの改正案を、国会に提出し早期成立を目指す構えだ。安倍政権は、公正中立であるべき司法界にも教育界にも「政治介入」する。

● 「などなど文」は政官文にはまことに都合が良い。「等」は「など」と平仮名でも書くが、政官文では漢字書きして「とう」と読むと、文言が幾らでも追加可能で内容が拡大して政官の権限が限りなく拡大する惧《おそ》れがある。「テロ等準備罪」がまさにそれで、捜査機関の判断で適用範囲は幾らでも拡げられる。

「天皇の公務に関する負担軽減等に関する有識者会議」で、幾ら負担軽減を図っても天皇が高齢のため「公務を全うするのが難しい」と言い出したら、「譲位」も検討し、「負担軽減、譲位等」を調整すれば、いい。なお「検討します」より「研究します」と答弁したほうが逃げ易い。「研究」のほうが謙虚に時間を稼げるから。

●政官人が「一般（に）」を使うのは「例外」を想定している時である。彼らにとって都合の悪いことはどんどん「例外（事項）」にできる。海外派兵は「一般に自衛のための必要最小限度を超えるものであって、憲法上許されない」（内閣法制局）。

●日本語は単複を明確にしないが、明らかに複数の意味の場合でも、政官人は複数を表わす「諸」や「各」を付けて、「諸制度」「各条件」などと、勿体《もったい》ぶる。

●「レッテルを貼る」とは「一方的に、ある評価・判断を下す」こと。安倍首相は「戦争法案」などといったような「レッテル貼り」を嫌う。レッテル貼りは、議論を矮小化し中身を議論しないからだと言う（一五年六月二一日）。　しかし、レッテルは本質と内実を絶妙に言い当てていることが多い。首相は中身を精査した反論ができないから、「レッテル貼り」だと議論の入り口で議論を躱す。そういう安倍首相も二〇二〇年二月一三日の衆議院本会議で「共産党は暴力集団」とレッテルを貼り、野党の足並みを乱そうとした。

安倍首相は二〇一五年三月以降、反論の前に「印象操作」という表現を頻繁に使って、同様に議論を門前払いする。強い立場の者が使うと、傲慢に議論を拒否する印象を与える。

安倍政権は、前川喜平前文科省事務次官を「辞めた過去の人」扱いして「今ごろになって何を言い出すのか」と門前払いし、「いかがわしい場所に出入りするような人間の言うことに耳を貸すな」と人格攻撃で「印象操作」した。

●日本の官庁用語（official jargon）の話し言葉も独特。「一日」は「いっぴ」と言い、「施行《しこう》」は「せこう」と言う。「せこう」と言えば、一般人は「施工」の意味に解する。

官僚の言葉遣いは馬鹿丁寧で、「ございます」を多用する。官僚は「現在検討中です」「検討している」という意味で「検討してございます」と言う。これでは「すでに検討済みです」の意味になり、誤用である。

●政官人は名詞を副詞化する。「一定の評価をしたい」「一定程度評価したい」を「一定評価したい」と言い、「ある程度評価する」とは言わなくなった。「基本的に」「原則として」を使わず、「基本、マスク着用する」「原則、認められない」と硬い言い回しをする。

●政官語は意味が反対になる。

・「したい」は「しない」の意でもある。従って「協議したいと思います」は「協議しない」を意味する。

・「しっかり」「丁寧」とは核心や論点をはぐらかし、具体的な説明をせず、長ったらしく言い繕うことで、「しっかり」「丁寧」ではないこと。だ。（例）「しっかり明文的に法制度を確立する」「丁寧な説明で理解を得たい」。しかし、安倍首相は「同じことを聞かれれば、同じことを答える」（二〇一八年五月三〇日）と居直った。

・安倍首相は「深く反省する」を乱発するが、何をどう反省するのか、具体的に示さない。結局、反省しない。

・政府の言う「骨太」とは「大雑把《おおざっぱ》」の意。「骨太の方針」は「いい加減」で「大雑把」な方針。安倍内閣は経済財政計画の基本方針の素案を「骨太の方針」と呼び、幼児教育の無償化を明記した（二〇一七年六月）。しかし、その巨額の財源をどう集めるかは後回し。幼児教育の無償化や待機児童の解消の実現への道筋は不透明。

・萩生田幹事長は「正直申し上げて」を何度も口にするが、旧「統一教会」との親密な関係を正直に白状せず、関係疑惑は深まるばかりだ（二〇二二年八月）。

●安倍首相は、「共謀罪」の対象になるのは「そもそも罪を犯すことを目的としている集団でなければならない」（二〇一七年一月二六日の衆院予算委員会）と答弁した。それでは「そもそも宗教法人のオウム真理教は対象外か」と問われ、辞書には「基本的に」という意味も載っているので「そもそも」と言ったと応じた。しかし、どの辞書にも「元来」「最初から」の意味は出ていても、そもそも「基本的に」の記述はない。

◎政官人は「総合的に判断」しない

総合してと言っても、何々を総合するのか。人事に関する答弁は決まって、「適材適所の観点から総合的に判断した」と躱《かわ》す。

ＮＨＫは「共謀罪」の審議を国会中継しなかった。「施政方針演説のほか、国民の関心が高い重要案件を扱う委員会質疑などを総合的に判断して中継している」とＮＨＫは躱した。「共謀罪」の案件に対する国民の関心を惹かなくしているのはＮＨＫである。「総合的に」は目眩《めくら》まして、総合的な判断は政府側の一方的な判断である。

国税庁次長は、「桜を見る会」前夜の夕食会の領収書に絡み、「総合的に判断する」と答弁（二〇二〇年二月一九日）。領収書の宛名が「上様」や空欄でも、許容される余地を総合的に見つけ出すのに必死になるらしい。

（二）騙《だま》しの政官論法

◎曖昧《あいまい》に接続

●日本人には、話しに角が立たないように文節と文節との関係をはっきりさせない。論理を曖昧にし、主張を暈すためである。

接続詞は日本語の品詞の中で「最も影の薄い」単語（金田一春彦『日本語』）である。一部の国語学者は、接続詞という品詞を立てず、接続の意味を持った副詞の一種として扱う。

日本人の接続語嫌《ぎら》いは根強い。谷崎潤一郎「文章讀本」（一九三四年）は、「無駄な穴填めの言葉」

である接続詞や接続助詞を使って叙述を理詰めにすると、文章の重厚味が減殺《げんさい》し「品乏しく、優雅な味わいに欠ける」と説いた。しかし、論旨を明確にする穴填《う》め言葉を避けたら、話しの筋が曖昧《あいまい》で論旨は明確にならない。

接続語を使うにしても、弱い結び付きの接続語を好む。「電車が故障しましたから、遅刻しました」と言うと、遅刻に正当性があるように聞こえるので、「電車が故障しましたので」とすると少し謙虚になる。「電車が故障して、遅刻しました」と言えば、無難で、いっそのこと、「電車が故障しました」と片付ける手もある（例は金田一春彦『日本語』）。

英語などの接続語の役目を、日本語では接続語ではなく、接続助詞や動詞の活用形が務める。接続助詞「て」は、「雲がかかって富士山が見えない」程度の軽い原因・理由の意味ならばともかく、上例の「電車が故障して、遅刻しました」のように「主張の根拠」とされている場合には、誤魔化しに悪用されがちである。

●「原因・理由」の意味を弱める接続語には「て」の他に、接続助詞「が」がある。清水幾太郎『論文の書き方』（一九五九年）は、『が』を警戒しよう」と呼びかけている。

第一に、「しかし」「けれども」の弱い「逆接」の意味。反対の関係が非常に強い時には、「にもかかわらず」という強い対立の意になる（例：「が、そうではない」）。第二に、前の文節から導き出される薄めの「因果関係」「原因・理由」の「それゆえ」の意味。第三に、「反対でもなく、因果関係でもなく、『そして』という程度の、ただ二つの文節を繋ぐだけの無色透明の使い方」。「踏み込まない」この「が」は、話しの流れを穏やかにしてくれるが、論旨を曖昧にし、無責任で危険である。

私は、この第三の「が」は極力避け、「逆接」や「因果関係」「原因・理由」を明示したい時には、明確に示せる接続詞や接続助詞を使う。

●野内良三『日本語作文術』（二〇一〇年）の言う「舵取り表現」を悪用して、論の詭弁転回に舵を切ることもできる。以下、詭弁展開に悪用される「舵取り表現」を取り挙げる。

確証なしに自説を強弁する時は、「よく知られているように」「周知のとおり」「改めて言うまでもないが」「こと新しく論ずるまでもないことだが」とトボケる。「ある調査に拠れば」と始めるが、その調査元を言わない。あるいは「確証」ではなく、とりあえず「傍証」や「また聞き」を挙げる。「～も言っているように」と権威に頼るか、「やはり／やっぱり」と一般常識や世間の通例や通念に依《よ》りかかる。

・「ある意味で」と前置きするが、「ある意味」とはどんな意味かは言わない。「とりあえず」と切り出しても、本格的な話しには言い及ばない。「個人的には」と切り出せば、身勝手なことが言える。

・「正直言って／正直申し上げて」と言うのなら、それまでの言い分は本心からでは無かったのか。

・「ところで」「これは余談だが」と議論を逸《そ》らし、「それはさておき」「～ことは暫く措《お》くとして」「ここでは詳しく論じる余裕がない」「ここは～について論じる場所ではない」「くだくだ論じるまでもない」「この問題については追って取り挙げる」と議論を切り上げる。

・「結論を急ぐまい／急ぐべきではない」「にわかに判定し難《がた》い」「～と言い切るのは穏当を欠くかもしれない」などと断定を避け、文末を言い切らない。

◎論点回避つまり責任回避

●本題に言及しない

論点を回避したいならば、そもそも論題にしないことだ。第一回の「復興構想会議」（二〇一一年四月）の冒頭で五百旗頭真《いおきべ》議長が切り出した――「原発問題はなお危機管理的状況にあり、それ自体が余りにも大きな問題。この会議の任務から外すと（菅首相から）ご指示をいただいております」。原発事故があって、復興を余りにも難しくした。原発の問題を抜きにした復興構想会議は有りえない。

よくある論点回避は、肝腎《かんじん》な部分に触れないこと。政府主催の全国戦没者追悼式（二〇一三年八月一五日）で安倍晋三首相は、「加害責任」に触れず、「不戦の誓い」をしなかった。

一九九三年に細川首相がアジア近隣諸国に対して「哀悼の意」を表わし、次の村山首相が「深い反省」を追加し、その後の自民党の首相もこれを踏襲し、この表現は定着していた。歴代の首相は「不戦の誓い」という表現も使ってきたが、第一次安倍内閣の時には「不戦の誓い」を「世界の恒久平和に、能《あた》うる限り貢献」という表現に変えていた。

しかし安倍首相の今回の式辞にはこれらの表現はなく、「戦没者の御霊《みたま》に平安を、ご遺族の皆様には、ご健勝をお祈りし」て、首相は式辞を終えた。ブレーンが練りに練った文案であろう。論点を暈《ぼか》し躱《かわ》し、肝腎な主題に触れない。

●逃げて責任転嫁

「三十六計逃ぐるにしかず」は政官人の座右の銘。「記憶にございません」「失念した」と躱す。

「桜を見る会」の招待名簿を、資料要求のあった当日、シュレッダーで廃棄した問題について、公文書管理を担当する北村誠吾・地方創生相は閣議後の記者会見で「個々の行政文書の取り扱いについてはそれぞれの文書を管理する担当にお尋ねを」と説明し、「お答えする立場にはない」と逃げた（二〇一九年一一月二二日）。菅義偉官房長官も、「桜を見る会」の名簿廃棄をめぐり「保存期間を決めるのは課長」だと「自己都合」で「責任転嫁」した（二〇二〇年一月三一日）。「自己責任」ゼロ。

☹ 仮定形で詫びて責任転嫁

「統一教会」の名称変更を巡り責任を問われていた下村博文・元文科相は二一年八月三日、「私が名称変更の申請を受理しろということを担当者に申し上げたことはなかったという意味で、関係はなかった」と文化庁の文化部長の判断であったと責任転嫁し、関与を否定した。

しかし、翌四日、「責任を感じる」と軌道修正。当時、名称変更によって新たに信者や国民に迷惑をかけるとは想像できなかったが、「今のような問題が出てきたとしたら、責任を感じる」と仮定形で語り、責任を回避した。

政官人は「不適切だったとしたら」「誤解を与えたなら」お詫び申し上げる、と仮定形で詫び、「内心忸怩《じくじ》たる思いがある」と言う。

「忸」も「怩」も恥じ入って顔が赤くなる意だが、単に顔を赤めることではない。「責任を感じて心の中で恥ずかしく思う」こと。無責任な政官人の使う言葉ではない。

政官人の責任感覚は、ますます精緻化し巧《たく》み化し、鈍化している。

●質問を躱《かわ》して逃げる

・河野太郎外相は「次の質問どうぞ」と4回、質問を躱《かわ》した（二〇一八年一二月）。

・小池百合子都知事は一八年二月一六日の記者会見で、やっと指名された記者が、「知事のおっしゃるダイバーシティ（多様性）には思想、良心、信仰の自由も含まれるのか」と言いかけたら途中で打ち切られ、別の記者を指名した。

・質問に応《こた》える前に、逆に質問して質問を躱《かわ》す手もある。「統一教会」の勅使河原秀行・教会改革推進本部長は、記者団の質問に「逆にお尋ねしたいのですが…」を連発した（二〇二二年一〇月二〇日）。

●「こんにゃく問答」に「ご飯論法」

太田充・理財局長は一七年一一月二七日の衆議院予算委員会で、森友学園を巡る質問に対し、「金額のやり取りはしたが、価格の提示はしていない」と珍答弁。「金額」も「価格」も同じ意味。「価格の提示はしていない」とは「金額の交渉はした」の隠蔽。これでは、「空き巣に入ったが、泥棒《どろぼう》はしてない」と言うようなもので、「こんにゃく問答」。

「働き方改革法案」を巡って加藤勝信厚生労働相が二〇一八年六月、「朝ご飯を食べたか」と問われて「パンは食べたが、（コメの）ご飯は食べていない」と答えて「ご飯論法」と揶揄された。「ご飯論法」はその後の国会答弁でも「逃げの常套論法」として多用された。安倍首相も「桜を見る会」をめぐって、「私は、幅広く募っているという認識だった。募集しているという認識ではなかった」（二〇年一月二八日）と迷答弁。安倍内閣は「ご飯論法」がお好きである。「ご飯論法」は答弁ライターの窮余の屁理屈。「隠してるけど、隠蔽じゃない」「改めたけど、改ざんじゃない」「知らなかったけど無知ではない」等々と増産できる。

政官人の逃げの論法は巧み化した。

◎詭弁と強弁で論展開

●被曝に因《よ》る食品に対する汚染は「直《ただ》ちに影響はありません」（福島第一原発事故当時の枝野官房長官）。直ちに影響はないが、いずれ、あるかもしれない。「日本年金機構」は年金情報が約一二五万件流出したが、「年金業務に特段の影響はない」と言う。

●松島みどり法相は、地元のお祭りなどで選管に届けずに団扇《うちわ》を配った。団扇であっても実質は選挙ビラ。松島法相は、それは支持者向けの「討議資料」と答え、法には触れていないと繰り返した。「うちわと解釈されるなら、うちわとしての使い方もできる」と強弁、いや詭弁。法の抜け穴を例示してくれた法相は二〇一四年一〇月二〇日、辞任した。

茂木敏充・経済再生相の秘書が一四年から一六年に選挙区内で線香や手帳を配っていた。「公職選挙法」は政治家らの名前を表示したり、名前を類推させたりする寄付を禁じている。茂木大臣は、「知ってはいたが、配布を指示していない」し、「名前も書かれていない」から、違法ではないと強弁。しかし、秘書は無言で手渡すはずもないし、受け取る側は茂木大臣からの寄付だと容易に判る。

●安倍首相は一六年六月一日、消費増税を一九年一〇月まで再延期を正式表明した。前の公約を違《たが》えることを「新しい判断」と安倍語では言うらしい。政治判断はますます軽くなる。

●毎日勤労統計の不正問題について、厚生労働省の特別監察委員会は、厚労省の虚偽《うそ》は認めても、組織的に殊更、隠蔽したとは言えないと結論づけた（二〇一九年二月二八日）。虚偽申述《しんじゅつ》と隠蔽行為は異なる概念らしい。

●横浜の林文子市長が「すべてのばくちが悪いというのは違う」とカジノ誘致を宣言した。

カジノは現在の横浜市の税収の15％に相当する増収効果があると言い、子育てや医療など「安心安全な生活」を守るために決断したと言う。

公認博打《ばくち》なら「必要悪」なのか。カジノはギャンブル客が損をすればするほど儲《もう》かる仕組みになっており、ギャンブル依存症が増え、「安心安全な生活」を脅かす。

●東京五輪・パラリンピックの公式報告書は言う――「（森喜朗組織委員長の女性蔑視発言は）ジェンダー平等に関する日本社会全体の議論を活性化させた」。日本社会では、これは「開き直り」と言われる。

●原子力規制庁の長官、次長、原子力規制技官のトップ3人は原発推進の経産省出身者。「そういう年次の人間がたまたまその3人だったということ」（二〇二二年七月五日・片山啓新長官）と強弁。他省から年次の違う人間を選べばいいではないか。

●「自民」総務会長の福田達夫は、旧「統一教会」に我関せずとばかり、「何が問題かよく分からない」と語った（二〇二二年七月二九日）。

「自民党がそこの団体の影響を受けて政治を動かすというような誤解を招くようなことだけはしてほしくない」「党としての問題ではなく、個人として政治活動に非常に大きい影響を与えているのであれば、それは問題だ」。

つまり、自民党が旧「統一教会」の影響を受けて政治を動かしていると言うのは「誤解」で「党としては問題」ではなく、個人の政治活動に非常に大きな影響を与えているのであれば、それは問題だ」と言いたいのか。

が、その個人は自民党員。私は「何が問題でない」のか、さっぱり分からない。福田会長は自家撞着にも気づかないほど馬鹿か。それとも自己矛盾と知ったうえでの屁理屈か。

179人の自民党議員が旧「統一教会」と接点があり、さらに11人の自民党議員の関わりが判明したのに、岸田首相も茂木幹事長も「議員個人が対応する問題」と矮小化し、「自己責任」だと逃げる。旧「統一教会」への個人的恨みのとばっちりの所為《せい》で凶弾に斃れたのも「自己責任」だから、「国葬」に値しないことになる。

自民党の二階俊博・元幹事長は、旧「統一教会」に選挙でお世話になって当選した議員は「講演を、祝電を、と言われると断れない」と言う。当選するためなら、反社会的集団のお世話になってもいい、と言うことになる。とんだ強弁。

◎論点を擦《す》り替え

●欺瞞の論展開の典型は論点の擦《す》り替え。法廷でも見られる。外務省秘密漏洩事件の起訴状は、「情を通じ」という法律上は無関係な一句を挿入することによって、裁判官と世論を感情的にし、論点を色恋沙汰にしてしまった。判決文も、論点である「秘密」と「そそのかし」の定義を曖昧にした。

「定義を曖昧にして、結論を簡潔に、関係のないことを長々と述べる」のが詭弁術の一つだ（野崎昭弘『詭弁論理学』）。

●米軍の垂直離着陸輸送機「オスプレイ」の事故が相次いでいる。米国政府も日本の防衛省も、「操縦ミスで、本体には問題なし」とし、本体の「不具合」を「人的ミス」に摺り替えた。

●官僚作文は「言い逃れ」のために両論併記し中立を装う。政府の立場を代弁するために、官僚は国際法上の大前提を無視して大嘘をつく。例えば、「日米地位協定」をめぐる大河原良雄外務省アメリカ局長の一九七三年七月一一日の答弁が、それである。

●政官人は「言い換え」によって本質を隠蔽する。「故障」を「不具合」、「戦闘」を「武力衝突」と言い包《くる》める。

防衛省は護衛艦「いずも」を空母化するが、空母とは言わず、「多機能な護衛艦」と呼ぶ。空母と呼んでは、「専守防衛」を逸脱するからだ。

◎筋違いの展開

●無理筋

安倍政権の欺瞞話法は強弁の極致。あくまでも堅持したい主張や何が何でも成立させたい法案が先ずあって、筋違いの論拠を持ち出しては、強弁する。

安倍首相は二〇一三年九月一七日、集団的自衛権行使を「積極的平和主義」と呼んだ。さらに米国訪問中の安倍首相は九月二五日、「私の愛する国を積極的平和主義の国にしようと決意している」と語り、「積極的平和主義」を国際舞台にデビューさせた。世界各地の紛争解決に武力を行使することを積極的な平和主義とするのは筋違い。積極的に戦闘に巻き込まれたがるスタンスは「積極的戦闘主義」とでも言うべきだろう。

　どうしても武力を行使せざるを得ない「無理からぬ」事情でもあるのか。「無理からぬ」という語は、「よからぬ」などからの類推で、形容詞ではない「無理」と「からぬ」とを混交させて出来た鵺《ぬえ》のような連体詞で、正しい形は「むりならぬ」（北原保雄編『明鏡国語辞典』二〇〇三年一六七頁）。素性からしても、「無理ではない」つまり「もっともな」という欺瞞的意味。集団的自衛権行使派には一理も一筋もない。全身が「無理筋」。

　東京高検検事長の定年延長をめぐり、「社会情勢の変化」に応じて法解釈を変更できる根拠として森雅子法相は「東日本大震災の時に検察官は最初に逃げた」ことを挙げた（二〇二〇年三月九日）。「首相官邸主導」ではないか、と問われ、「法務省内の検討プロセス」に当たるとして、「詳細は控える」を連発、「ゼロ回答」して、森雅子法相自身が逃げた（二〇二〇年三月一三日）。検察官が逃げたことを定年延長の根拠にするのは「無理筋」。

　細田衆院議長に対する不信任案は二〇二二年六月九日、「週刊誌情報を基にして議会の機能を止めている場合か」との自民党議員の反対意見で否決された。議会の機能は、議長の資質に欠ける議長を更迭すれば、なお適切に機能するではないか。

●危ない喩え話し

「喩《たと》え話し」は、事態を単純化して短絡的な結論を安易に導く。安全保障関連法案の国会審議の中で、喩え話しの応酬があった（二〇一五年六月二〇日）。

民主党の寺田学議員は、これまで集団的自衛権の行使を違憲としてきた政府が、憲法解釈を変更して「限定的」なものとして容認したことについて「腐った味噌汁の中から一杯取っても、腐っているものは腐っている」と質《ただ》した。

これに対して内閣法制局の横畠祐介長官は、「（集団的自衛権が）毒茸《キノコ》だとすれば、煮ても焼いても食えないし、一部を齧《かじ》っても中《あた》る」と答え、さらに国際法上の集団的自衛権と安倍内閣が主張する「限定的」な集団的自衛権の違いを「河豚《フグ》」に喩え、「毒があるから全部食べたら、それは中るが、肝を外《はず》せば食べられる」と答弁した。つまり「限定的」な集団的自衛権なら合憲という趣旨だ。それでは、集団的自衛権の「肝」とは何か。それは「武力行使」。「武力行使」を取り除いたら、「限定的」であろうと「集団的自衛権の行使」にはならない。この喩えは不適切である。

小松前法制局長官は、集団的自衛権の行使を隣りの家に強盗が入った場合に喩えた。喩え話は、政策論議や営業口には有効だが、厳密な正確性を必要とする法律論には向かない。法制局長官経験者は、「条文を離れ、『喩え』でやることは好ましくない」と批判している。

また別の憲法学者は、銀行強盗を手伝い、彼らを車で送迎すれば、同罪だ、つまり後方支援も武力行使するに等しいと批判した。この喩えは正鵠《せいこく》を射ている。

●お門違い

・生半可な知識から本音や持論を文脈に関係なく唐突に展開する手もある。自民党参院議員の三原じゅん子は国際的な租税回避についての質問中に、グローバル経済の中で日本がどう振る舞うべきかは、「日本が建国以来、大切にしてきた価値観、八紘一宇《はっこういちう》という根本原理の中に示されている」と語り、八紘一宇とは「世界が一家族のようにむつみ合うこと」だとした（二〇一五年三月一九日）。

八紘一宇は『日本書記』に由来し、国家主義的な宗教団体「国柱会」の創設者・田中智学が造語した。ただし田中智学は「悪侵略的世界統一と一つに思われないように」と念を押した（一九一三年／大正二年）。しかし、日中戦争が泥沼化しアジア太平洋戦争に突入すると、戦争推進の国民的スローガンとして利用された。自民党の重鎮の中曽根元首相でさえも首相時代に、「戦争前は八紘一宇ということで、日本は独善性を持った、日本だけが例外の国になり得ると思った、それが失敗のもとであった」と語った（一九八三年）。八紘一宇の精神をグローバル経済の中での日本の立場の根拠とするのは逆効果で、これも「無理筋」で、とんだ「お門違《かど》い」。

・安倍首相はG7電話首脳会議（二〇二〇年三月一六日）で、「人類が新型コロナウイルスに打ち勝つ証しとして」東京五輪を完全な形で実現すると豪語。科学的知見を無視した独断の政治決断に世界が呆れた。その結果、東京五輪をめぐる汚職と談合が相次いで発覚し、フェアプレーのオリンピック精神は薄汚れた。政府も東京都もJOCも他人事のコメント。代表選手は怒りの声を上げない。

・岸田政権は二二年七月、安倍氏の残した「負の遺産」を不問に付し、全額国庫負担の「国葬」を、秋に実施すると言明した。

岸田首相は「暴力に屈せず、民主主義を断固として守り抜く決意を示す」と言うが、銃撃犯は暴力を用いて「私怨」を果たそうとしただけであって、民主主義への挑戦ではない。

民主主義を守り抜くならば、国民を分断して、「国葬」という政権の評価を国民に押しつけ、国民の自由な論評を許さぬ世論を増殖することこそ、民主主義の破壊だ。

佐藤栄作元首相の場合のように政府、自民党、国民有志による「国民葬」であれ、大平正芳元首相の場合のように政府と自民党による「合同葬」であれ、政府も関与することに変りのない「準国葬」。岸田政権にとっては、安倍氏の残した「負の遺産」に封印し、「安倍院政」から解放される、というメリットがあるのだ。

「国葬」は税金の無駄遣い。断固阻止しなくてはならない。

◎論拠を捏造

●安倍首相は五輪招致演説で、論拠を捏造《ねつぞう》した。「私は安全を保証します。状況はコントロールされています（The situation is under control.）」「汚染水は港湾内で完全にブロックされている」と語り、「皆さんと共に働きます」と微笑《ほほえ》んで見せた。しかし、汚染水は漏れ続け、状況はコントロールされていなかった。安倍首相は世界に向かって大嘘《おおうそ》をついたのだ。
●二〇〇〇年に署名した「国際組織犯罪防止条約（ＴＯＣ）条約」に加盟するには「テロ等準備罪の創設が必要だ」と政府は主張する。ところが、国連の「立法ガイド」の執筆者は「テロ対策が条約の目的ではない」と明言した。そう明言したのは国際刑法の専門家の米国ノースイースタン大学のニコラ・パッサス教授。パッサス教授は「イデオロギーに由来する犯罪のためではない」とし、「利益目的の組織犯罪を取り締まるための条約だ」と語った（一七年五月五日付『朝日』）。「政府は「共謀罪」法案を可決させるために、論拠を「捏造」、つまりデッチ上げた。

安倍首相は、「加計《かけ》学園」の獣医学部新設をめぐって、「獣医師会から空白地に一校に限り設置をする要請があった」と答弁（一七年六月五日）したが、獣医師会は「空白地に限る」と規制緩和をお願いした事実はないと反論。全国的に獣医師が偏在はしているが、総数は飽和状態で不足していない。
●安倍政権の記録の改竄、偽データの作成などが続々と露見している中で、「毎月勤労統計」の不正問題を調査していた有識者から成る厚労省の特別監察委員会が二〇一九年二月二七日、追加報告書を公表した。公表した。しかし、一月に発表した前回の報告書と同様に、「組織的隠蔽」は認められないと結論づけた。しかも、国会論戦で焦点になっている調査手法変更への首相官邸の関与については検証しなかった。

厚労省所管の外郭団体理事長でもある樋口美雄委員長は、「隠蔽」とは「法律違反又は極めて不適切な行為と認識しながら、その事実を意図的に隠そうとする行為」であり、「組織的」とは「団体の長、これに準ずる地位にある者が違法行為等を認識した上でその実行の意思決定をし、その意思に従って組織的に違反行為が行われた場合」であると説明し、担当者らは深刻な不正とは捉えず、意図的に隠したとは言い切れず、幹部も指示していなかったから、「組織的隠蔽」ではないとした。勝手な定義の厳格化も、根拠の捏造と言える。
●官公庁や公的機関は記録の隠蔽や改竄の前に、そもそも記録に残さないようになった。文化庁は二〇一九年九月、採択していた「あいちトリエンナーレ２０１９」への７８００万円の全額を不交付とすると決めた際の議事録を作成していなかった。特定の会議を開くのではなく「事務的な業務」の中で「通常の手続き通り、議事録は作成していない」という。一度、交付と決めた裁可を覆すのだから、特別に会議が必要だろう。

「国旗国歌法」成立の前後の時期に学校の職員会議で「日の丸・君が代」問題が議論されたが、職員会議録の改竄が行われ、教育委員会は、職員会議録は結論だけを記録するように、と指令した。

◎曲解して「一強」で強弁

安倍首相は二〇一四年四月一一日、一九五九年一二月の「砂川事件」最高裁判決を持ち出し、「集団的自衛権を判決の中で否定しない、ということははっきりしている」と指摘し、集団的自衛権の行使容認の根拠の一つになると言い出した。東京地裁が駐留米軍を憲法九条違反の戦力だとしたのに対して最高裁は、駐留米軍の戦力は憲法九条が禁じた戦力には当たらず、「(日本の)存立を全うするために必要な自衛のための措置をとりうる」とした。しかし、これは他国から武力攻撃を受けた場合の個別的自衛権の話しで、必要最小限の集団的自衛権行使容認の根拠にもならない。

自民党の高村正彦副総裁は、判決を故意に誤読解釈して自衛権を個別と集団に区別せず、(集団的)自衛権を容認できると、言い出した。

山口那津男・公明党代表は「砂川判決は個別的自衛権を認めたもので、集団的自衛権を視野に入れていない」と、この理屈を批判していた。ところが、同じ公明党の北側一雄・副代表が、山口代表も『砂川判決の法理が適用されない』とまで言っているわけではない」と漏らした。この発言を捉《とら》えて高村副総裁は「砂川判決は、集団的自衛権の概念に含まれるものも排除していない」と言い、「最小限の自衛の措置として集団的自衛権は排除されていない」と主張した。以後、自公協議は、高村副総裁の思惑どおりに進んだ。

しかし、砂川判決が問題にしたのは日米安保条約であり、日本が集団的自衛権を行使しうるか否かではない。この最高裁判決も踏まえ、田中角栄内閣は一九七二年、日本の個別的自衛権を認める一方、集団的自衛権は認められていないとの政府見解を示していた。

集団的自衛権の行使容認の審議の中で安倍首相は、「避難する日本人を乗せた米艦を自衛隊が守る」との想定を強調した。しかし、米国側は、避難民を運ぶ日米間の協定は現存せず、日本人を自国民のように扱うことはできないとしている。国会議員や「お抱え有識者」はそうと知りつつ同調し、有権者は政治とはそんなものだと聞き流す。

首相は、自衛官募集に市町村の9割近くが何らかの協力をしているにもかかわらず、「協力」の解釈を狭めて「6割以上が拒否」と曲解し、憲法に自衛隊を明記する改憲が必要であると強弁した(二〇一九年二月)。

◎暴言極言して極論

極端な例や特異な例を引き合いに出して煽情的に極論したり、問題を極端に単純化して極論したりする場合がある。

「君が代斉唱強制」問題が学校の職員会議で、まだ議論になっていた頃の話しである。ある千葉県立高校長が、「口をこじ開《あ》けて歌わせるのではないから、強制ではない」と強弁した。学校の式典で「君が代」を歌わない教職員を行政処分してまで斉唱を徹底しようとすること自体、そもそも強制である。

ところが、その「口元チェック」が大阪府で始まった。大阪府教委は二〇一三年九月四日、入学式や卒業式の君が代斉唱の際に教職員が実際に歌ったかどうか、管理職が目視で確認するよう求める通知を府立学校に出した。これまでは多くの都道府県で斉唱時に起立したかどうかで斉唱を確認したが、これからは斉唱を確認する教頭や事務長が先生たちの口元を覗《のぞ》き込む事態にもなりかねない。生徒たちも父母者たちも、情けない呆《あき》れた光景を目にすることになる。

選挙の時に若い時の写真を使う候補者が少なくない。私の住む白井市の市議選では若い時の写真を使って、立候補時の当人とは見えない女性市議が居る。ある女性市議にこれをただ質すと、「特に規定がないから、赤ちゃんの時の写真でもいいのです」と強弁。赤ちゃんには選挙に出られない。

☹政官語の極致

・片山さつきの「まやかし」答弁

口利き疑惑に対する片山さつき地方創生相の国会答弁（二〇一八年一一月二日）は「まやかし答弁」の極致である。

「週刊文春デジタル」で公開された音声が「大臣自身の発言か」と問われ、「自分の声かどうか、ちょっとあれでは判断がとてもできない。いつ誰の会話で、どういうことかは判断できない」と答弁。さらに「自分の声ではないと断言できるか」と畳みかけられ、「非常に聞きづらいので判別できないと申しているので、絶対に違うかどうかも分からない」と明言を避けた。

分かり難《にく》かろうと、聞きづらかろうと、自分が言ったのであれば、絶対に自分の声に決まってるじゃあないか。質問者は「貴女《あなた》の発言かどうか」を問い質《ただ》しているのだ。はっきり答えない答弁を、議長は見逃していいのか。議長の職責も問われる。

・杉田水脈《みお》総務政務官辞任の弁

岸田首相は「差別発言」を繰り返しても役職に就けるという悪例を作り、「任命責任」を軽く聞き流した。

事実上、更迭された杉田政務官は、「私を支援してくる方々がいっぱい居るので、その方々の代弁者として私自身は信念を貫きたいが、内閣の一員として迷惑をかけるわけにはいかないとの思いがあり、総合的に判断した」（二〇二二年一二月二七日）。

つまりは、信念を貫くために辞任するが、「撤回」も「謝罪」もせず、議員として差別発言を繰り返したいというわけだ。

杉田議員は自民党のホンネを代弁してくれるので、自民党にとって貴重な存在である。杉田議員は「新しい歴史教科書をつくる会」の理事。関東大震災直後の朝鮮人虐殺、南京虐殺、従軍慰安婦、沖縄戦中の日本軍の住民虐殺などを全面否定するのか、犠牲者の数を極端に少なく見積もる歴史修正主義の立場に立っている。

第5講

政治言語が歪めるコミュニケーション

「お上」の世論操作

✍「先ず議論の本位を定めよ」（福澤諭吉『文明論之概略』明治八年から）

その意見が高遠なものであれば、議論も高遠になるし、意見が浅薄であれば、議論も浅薄になる。瑣末な利害得失の浅薄な議論では、議論の基準に達せず議論が嚙み合わない。

高遠な議論は世の中にとって有害無益だとするのは心得違いである。高遠な議論がなければ、高遠な見地に辿り着くことができない。

最初の立ち位置や前提を誤り、日本国憲法は現実に合わなくなったから、米国に押し付けられた憲法だからと、改憲を唱えるのは、浅はかである。日本国憲法の高遠な理念を実現するための議論をすることこそ、議論の本位である。

福澤は軍備拡張にも警告を発した。「ただ軍備を増強すれば外国に対抗できると考え、陸海軍の予算を増やし、あるいは巨艦や大砲を買い、あるいは砲台を備えようとし、あるいは兵器庫を建てようと言うものがいる。……　しかし、これは物事のつり合いというものがわかっていない考えだ」「武力偏重の国においては、ややもすれば前後のわきまえもなく、やたらに軍備に金をかけてしまい、借金のために国を倒すこともある。巨艦大砲は巨艦大砲にこそ対抗できるが、借金には対抗できない」（齊藤孝の現代語訳）。防衛予算を1・5倍にしては、予算のつり合いが取れない。

☹ウクライナ支援と日本国憲法

二〇二二年三月二三日、ゼレンスキー大統領が日本の国会でオンライン演説を行なった。内容は、日本の人道支援に感謝しロシアに対する経済制裁の継続を冷静に呼びかけるもので、軍事的支援を期待するものではなかった。

これを受けて、「ウクライナ・カラー」で装った山東昭子・参院議長が演説。「人びとが命をも顧みず、祖国のために戦っている姿を拝見して、その勇気に感動しております」。しかし、これでは、ウクライナに対し軍事的支援をしたいと言っているようなもの。

感動したらしい自民党議員は一人一万円の義援金をウクライナに送るらしいが、それでは雀の涙金。彼らは年収四千万余で文通費は月百万円もらえるのだから、一人少なくとも一〇万円、百万円だって可能だろう。

国家間の戦争は、その政府が宣戦布告して始まる。ナチス時代に苦い経験があるドイツは「軍人法」で軍人兵士たちに「抗命権」を与えている。彼らには良心に基づいて命令を拒否する権利がある。しかし日本の自衛官にもロシア軍兵士にもウクライナ軍兵士にも「抗命権」がない。だから、命令がなければ、投降もできない。

ロシア軍はロシア政府の命令に従ってウクライナに侵攻した。占領地におけるロシア軍の戦争犯罪は前線指揮官の独断か、それともプーチン政府も軍上層部も容認しているのか。

ウクライナ軍もウクライナ政府の命令により、反撃している。ロシア軍の一方的な侵攻だから、ウクライナ軍兵士が命を賭して抵抗するのは当然であり、称賛に価《あたい》する。

日本国憲法の前文には「日本国民は、…政府の行為によって再び戦争の惨禍が起ることのないようにすることを決意し、…この憲法を確定する」とあり、第9条には「武力による威嚇又は武力の行使は、国際紛争を解決する手段としては、永久にこれを放棄する」とある。従って、憲法上、日本は武力介入も軍事的支援もできない。

従って、ウクライナ軍に防弾チョッキやヘルメット、対化学兵器用の防護マスクや防護衣、ドローンを提供するのは軍事的支援に当たるかもしれない。

二〇一四年に安倍政権が閣議決定した「防衛装備移転三原則」は紛争当事国への防衛装備の提供を禁じていたが、「一定の条件下では可能」とする方針に変えられた。

防衛省は、それらの提供は「防衛装備移転三原則」で規制される防衛装備品ではないとしている。「自衛隊法」は、武器を除く不用品は発展途上国に譲渡できるとしているから、最新の防弾チョッキも民間から購入したドローンも「不用品」とみなされている。

自民党安全保障調査会長の小野寺五典・元防衛相は二〇二二年四月二六日のBSフジ番組「プライムニュース」で、防衛装備移転には殺傷兵器も含まれるとの見解を表明した。

憲法も法律も原則も、また済《な》し崩しにされる。平和憲法の本意を知らぬ自民党政権や改憲派の国会議員らは日本を戦争のできる国にしたいのだ。私は「こんな人たち」に同調したくない。

周りに同調しないで居ると、「空気」が読めないとか「コミュ力障害」と否定され、同調圧力がかかる。

以下は、コミュニケーションが政治言語によって歪められる例である。

（一）政治的に歪められるコミュニケーション

●コトバは発信者にも受信者にも等しく透明な媒体にはなりえない。伝達には「意図」が入り込むからだ。

岡本真一郎『言語の社会心理学』（二〇一三年）などのように、「発信者は正しく真意を伝えようとし、受信者は正しく受けとめようとする」という前提に、本書は立たない。発信者は意図して真意を伝えまいとしたり、受信者は意図的に歪めて解する場合が多いからだ。デマゴーグとソフィストは日本語の特徴を意図的に悪用し、欺瞞の言辞言説を反理知的に展開する。

●コミュニケーションは虚礼虚言と騙《だま》し合いで成り立っており、世の中は騙す者と騙される者で廻っているとも言える。どの言語も欺瞞の言辞言説を繰り出せるように出来ている。

騙されて、あるいは進んで騙されて騙す側に回る者も居る。騙されるのは無知の所為《せい》でもあるが、そうでありたいという願望の所為《せい》でもある。

生活保守主義に陥っている民衆は、自分に都合の良い情報だけを聞きかじって、半可通な一家言《いっかげん》を吐く。民衆は権威に弱い。世に言う有識者たちの多くは民衆の好みに合わせて事《こと》を単純化し、持論を社会通念化させる。愛国的な衣を着れば、なおさら民衆に受ける。民主主義の主役は民衆だが、民主政治は衆愚政治に堕落し易い。「煽動政治家《デマゴーグ》のひのき舞台は民主主義国」（R・H・ロービア『マッカーシズム』一九五九年）。民主主義社会では民衆の世論を右に左にコントロールできるからだ。

欺瞞性のない政治的プロパガンダは無い。専ら利権や利益の獲得のために政治的プロパガンダする政治屋を、私は「政事業者」と呼ぶ。選挙運動に役立つからと「統一教会」と関係を持ってきた国会議員は全て、政治屋《politician》であり政事業者である。

「第四の権力」と呼ばれているジャーナリズムも、立法・行政・司法の三権を監視する機関ではなく、三権を補強する「マスコミ業者」に堕した観がある。

●現在、政事業を営む政事家の多くは、政治家《statesman》ではなく、次の選挙と自分の利権ばかりを考える政治屋であり、政治屋の多くはソフィストとデマゴーグ。中央政界に限らず地方でも、政界に限らず言論界でもソフィストとデマゴーグが横行跋扈《ばっこ》している。

現代社会はデマありフェイクニュースありの種々雑多な情報で溢《あふ》れている。米国マサチューッセツ工科大学の研究チームによると、デマは真実の6倍の速さで伝わるという。

私は、欺瞞の言辞言説を弄《ろう》する者たちをソフィストかデマゴーグと呼ぶ。公的機関までが改竄、隠蔽、捏造を日常的に行なっている。彼らは体制側のスローガンを当然視させ、「問題意識を共有」（菅義偉）させて民意を一本化し、社会通念化を謀る。政府は政府の決定に異論を唱える言説を「風評」と見なす。

衆愚政治に堕した民主政を批判した古代ローマのアリストファネスに言わせると、デマゴーグに必須の素質は「口汚《くちぎた》なく、生まれ卑《いや》しく、低級で下等の人間たること」である。現代日本の政官界や言論界のデマゴーグたちは大抵「生まれ卑しく」はない。むしろ出自は良いが、品性も品行も良くない。特に政官人は「口汚《くちぎた》なく」、下ネタ絡《がら》みの野卑《やひ》な言葉がお好きだ。

マッカシー上院議員は、一九五〇年から54年の5年間、アメリカ政治から常識と冷静な判断を奪い、「息の詰まりそうな画一性」を社会に押し付けた。

反知性主義（anti-intellectualism）は、知的権威やエリート主義に懐疑的な立場をとる主義主張である。言い換えれば、知性と権力が結び付くことへの、民衆側の反発に根ざしている。反知性主義が否定するのは「知性」そのものではなく、知性と権力が結び付く「知性主義」である。

ところが、日本は今、知的権威と政治権力が結び付いて知性そのものも否定する「反理知」の時代主潮の中にある。政官界は言うまでもなく、言論界も、生活保守主義に浸った民衆も、体制翼賛に奔っている。

御用専門家も増え、専門家は「お上」の意向を忖度《そんたく》し自らの「専門知」を歪める（新藤宗幸『権力にゆがむ専門知』二〇二二年）。

二〇二〇年六月、自民党広報のツイッターアカウントがダーウィンの進化論を誤用して、憲法改正の必要性を訴えた――「最も強い者が生き残るのではなく、最も賢い者が生き延びるのでもない」「唯一生き残ることが出来るのは変化できる者である」。だから、「今、憲法改正が必要である」と結論づけている。

専門家らからも「ダーウィンはそんなことは言っていない」「撤回すべきだ」との批判が出ている。しかし、自民党の二階俊博幹事長は論点を外し、そういう意見が出るところが民主主義の世の中であって、この国の良さだ。おおらかに受け止めていったらいいんじゃないか」「ダーウィンも喜んでいるだろう」（六月二三日）と躱《かわ》した。ダーウィンは激怒しているに違いない。

「言えることは、はっきり言う。言えないことについては、黙らなければならない」（ヴィットゲンシュタイン『論理哲学論考』の序文から）。さすれば、政官人の失言は減る。

●クラウス・ミューラー"The Politics of Communication"（1975）（邦訳『政治と言語』一九七八年）は歪曲された（distorted）コミュニケーションを、「強制指導型（directed）コミュニケーション」、「環境制約型（arrested）コミュニケーション」、「管理抑制型（constrained）コミュニケーション」の三つの形態に分類した。

①「強制指導型」コミュニケーションとは、「言語やコミュニケーションの内容を規定しようとする政府の政策から生まれてくるもの」（邦訳書）で、「政府がマス・メディアや教育制度に公然と干渉することによって、言語の使用や解釈に影響を与えようとする試み」（同書）で、いわゆる「言論統制」が行われることだ。「お上」は、国民の「自粛」を待てずに「要請」して強制する。

◉**言論統制**

言論統制は、第一段階として「これこれの件は書いてはならない」から「この件は取材してはならない」に進み、さらに第二段階として「この件はこの角度から、これこれというように書くべきだ」と、当局が「依頼」「説明」「指導」を行なう。この段階が「言論構成」への移行である（熊倉正弥『言論統制下の記者』一九八八年）。いわゆる「提灯《ちょうちん》記事」を書くよう強要されるのだ。

一九四四年一〇月から敗戦時まで「日本放送協会」のアナウンサーを務めた竹山昭子に拠ると、アナ恐れ入りますが、切手をお張り下さい。

〒113−0033

東京都文京区本郷
2−3−10
お茶の水ビル内
（株）社会評論社　行

おなまえ　様

（　才）

ご住所

メールアドレス

購入をご希望の本がございましたらお知らせ下さい。
（送料小社負担。請求書同封）

書名

メールでも承ります。　book@shahyo.com

今回お読みになった感想、ご意見お寄せ下さい。

書名

メールでも承ります。　book@shahyo.com

ウンサーは太平洋戦争中、「無色透明なる伝達者」ではなく「国民動員の宣伝者になれ」との職業意識を課された。戦争を報道するだけでなく、「国民生活の明朗化」「生産増強」などの「戦争報導」をし、国民に「信頼感と安定感」を与えるように原稿を読め、と命じられた（『太平洋戦争下　その時ラジオは』二〇一三年）。

「言論構成」が嵩《こう》じると、政府機関や御用企業は、自らプロパガンダに乗り出し、複数のメディアを組み合わせた「メディア・ミックス（media mix）」を使って宣伝効果を高める。

◉教科書検定

現代日本で行われている「強制指導型コミュニケーション」の悪例は、教科書検定。これは、思想統制であり、巧みな「検閲」。

前提に国家の教育内容に対する介入度の問題がある。憲法は全国民に平等に教育を受ける権利を保障し、親が子どもに授ける教育内容は国家に干渉されないという「教育の自由」も保障しているから、国民は政府に適切な教育を求める権利がある。

文科省は二〇一三年一一月一五日、教科書検定基準の改定プランを発表した。次年度の検定から、事後チェックではなく「事前に書くよう求める検定」に入った。

政府は二〇二一年四月、慰安婦問題をめぐる政府答弁書で「従軍慰安婦」ではなく「慰安婦」との用語を使用すると決定し、軍の関与を否定した。今後、教科書は「慰安婦」と記述しなければ、検定を通らない。

◉「放送法」の新解釈

「放送法」は一九五〇年、放送局の「自律」を保障するために制定された。放送番組の政治的公平性はその放送局の番組の番組全体で判断するという立場を採っていた。

ところが、二〇一五年当時総務相だった高市早苗議員は、政治的公平性をその局の一つの番組でも判断でき、放送停止にする可能性があると発言し翌一六年には、違反を繰り返せば電波を止めると発言した［停波発言］。

二〇二三年三月、「放送法」の政治的公平性をめぐる首相官邸と総務省のやりとりを記した総務省の内部資料が公表され、松本剛明総務相は三月七日、これを「行政文書」と認めた。政策の決定過程や行政の執行過程を記録したものは、当然のことながら「行政文書」。

この内部資料には高市氏の発言も記されているが、高市氏はこれを総務省の官僚による「捏造」であると決めつけた。当時、総務相として総務省を率いていたのは高市氏本人である。

②「環境制約型」コミュニケーション」とは、政治的コミュニケーションが個人あるいは集団の言語環境によって、その言語運用が制約されたコミュニケーションの形態を言う。これは「同調圧力」に屈した「自主規制」。だから、その個人あるいは集団や階層が意識的に言語運用することによって、体制側の言語規制や強制に抵抗すれば、その仕組まれた歪みを是正することもできるが、これらを「お守り」として体制に同調すれば、その欺瞞の言語を正規なものとして定着させることになる。決まり文句の多くは同調表現、つまり鶴見俊輔の言う「お守り言葉」だ。

◉「君が代」起立斉唱

学校は真善美を教え追究する所だ、と私は思う。教育現場では今、「君が代」の「君」を王者や君主、支配者や統治者ではなく、恋い慕う「我が君」と解釈させることによって、主権在民の日本の国歌として定着させられている。「君が代」を起立して歌わぬ教員を、「非国民だ」「アカだ」と呼ぶ生徒や父母たちもいる。

式典に招いておいて、君が代斉唱時に起立も斉唱もしない父母たちまで、処分することはできない。しかし、起立も斉唱もしない父母たちは稀である。式典に来賓として招かれたＰＴＡ役員が、式典前に教頭から起立要請された例もある。それでも、この役員は起立も斉唱もしなかった（二〇一三年七月二四日付『朝日』の「声」）。

東京都立の養護学校の教員が在職中の二〇〇六年、君が代斉唱時に起立も斉唱もしなかったとして、一カ月の停職処分を受けた。最高裁は二〇一三年七月一二日付の決定で都の上告を退け、起立斉唱を求めた職務命令は合憲としたものの、都に賠償を命じ、「君が代不起立訴訟」の判決が確定した。

③「管理抑制型」コミュニケーションは「政府と国民との間でやりとりされるコミュニケーションのうち、また社会問題についての公的コミュニケーションのうち、政府の利害や民間の私的利害によって、組織的に歪められてしまっているコミュニケーション」（クラウス・ミューラーの前掲書）の形態である。この型は「強制指導型」と同時進行することが多く、ナチス・ドイツや東ドイツでも戦時下の日本でも行われた。この種の言論規制にはマス・メディアと教育が大きく関与する。

教員層は、「社会的に自由に浮動する知識層」（カール・マンハイム）で、言語運用が比較的制約されない階層だった。日本の教員層も、そうあるべきだった。

しかし、教育行政が次々と打ち出す教員締め付け策もあって、「物言わぬ教師」が圧倒的大多数を占めるようになった。現職の教員が匿名にせずに新聞などに投書するのには、相当の覚悟が要る。教員の言い分やそれを弁護する投書を取り挙げる新聞や雑誌は少なく、取り挙げてくれる新聞も先鋭な主張は取り挙げず、その論調も概ね文科省の教育施策を支持するものになってきている。教員は、「見ざる・聞かざる・言わざる」の三猿の処世術でしか生き残れない。職員会議では、お上に阿《おもね》り教育政策を支持する教員しか発言しない。

◉デジタル法案

二〇二一年四月六日の衆院本会議で、「デジタル改革関連法案」が賛成多数で可決された。

自治体ごとに条例で定めていた個人情報保護のルールを規制緩和し、規律がより緩やかな政府のルールに一元化する。

自治体は、思想信条や犯罪被害、病歴、犯歴、社会的身分など「センシティブ情報」と呼ばれる要配慮個人情報については、これまで原則収集を禁止してきた。

政府は、現在の約１５０人体制の「個人情報保護委員会」を増員して監視機能を強化すると説明しているが、２千近い自治体などの個人情報の取り扱いに、どこまで関与できるか、私は危惧する。

◉公立図書館での「選書」

私は今、公立図書館に通い、「知る権利」を享受している。

文部科学省は二〇二二年八月三〇日、全国の学校図書館と公立図書館に「拉致問題の関連本の充実」を求める事務連絡をメールで送った。添付文書は、拉致問題解決に事寄せて「世論の一層の喚起が不可欠」であるとし、テーマ展示などを「依頼」した。

選書は、利用者の要望に応じて司書が行なうべきで、政府や自治体が政治的意図を持って選書に関わるべきではない。

政府文科省は「君が代」を強制し、「内心の自由」に踏み込む。教科書検定は教科書だけでなく補助教材や学校図書にも及んでいる。教委や校長や議員らによって、反体制的な書籍を「禁書」にする例があるが、今回は、特定の書籍を選書させ、国策に加担させる「思想善導」である。

一方で、公共図書館でも学校図書館でも正規司書が減らされ、学校では、授業業務と兼務の「司書教論」を置いて専従の学校司書を廃する動きがある。

「依頼」であれ「要請」であれ、学校は特に「お上」に弱い。首相の一声で全国の小中高が、一斉休校になった。図書館は、政治的介入に屈せず、利用者の「知る権利」と「図書館の自由」を守れ。

（一一）世論構成　公衆と公論と世論

※「制度は人間の賢愚によって生きもし死にもする」（渡辺一夫）。選挙、公論、デモ、署名などが、制度として認められていたとしても、運用によって活きもし、無意味にもなる。

◆選挙で政治を変えられるか　投票率の低下

篠原一《はじめ》は国民の政治に対する基本的態度として、積極的な「参加型」、消極的な「義務型」、「抵抗型」、「無関心型」を挙げ、国家はそれぞれ、その型の複数の要素が絡み合って存在し、無関心層は自由社会では通例、国民の30％前後を占めるとした（『日本の政治風土』一九六八年）。

近年は無関心層が増えている。二〇二二年六月の松戸市長選は、現職の4選が決まったが、投票率は3あ7・14％にすぎなかった。他の8人の候補者が現職に対する批判票を奪い合った結果、有権者40万7599人中、たったの5万3876票を得票した現職が4選を果たした。

地方自治体の首長選の法定得票数は有効得票総数の4分の1。やっとクリアしたと思われる。

東京都品川区の区長選では候補者全員が、当選に必要な得票数つまり「法定得票数」を獲得できず、再選挙になった。再選挙でも法定得票数に達する候補者がいなければ、再々選挙になる。再選挙になる首長選は、これで7例目だ。

再選挙は1回目より投票率が下がり、1回目の最得票者が当選するのが通例。今回も1回目の投票率35・22％から32・44％に下がり、1回目の最得票者（無所属）が当選した。

品川区長選の場合、1回の選挙に2億円もかかるから、再々選挙を避けるために仕方なく1回目の最得票者に投票したということだろう。

政治に参加するため投票したいが、投票したい候補者が見つからない場合がある。政治に無関心だからではなく、投票したい候補者がいないから投票に行かない有権者も多い。抗議の意思表示として白紙投票する場合もある。

だが、無投票当選や低い投票率では政治を変えられない。

◆公論で政治を変えられるか

●先ず用語を整理しておく。

「人民」は君主や領主などの支配階級、「民衆」は貴族や上流階級などの特権階級に対する対立概念。「群衆」と「公衆」は支配層に対する対立概念。「群衆」が公衆化し、「公衆」が群衆化することもある。

「大衆」は知的エリート層に対する対立概念で「多数の無定形な存在」。日本では「庶民」とも呼ばれる。

幕末維新期に志士浪人や草莽の士らは自らの説を「天下の公論」と称していた。「公論」という語には「公衆、即ち多数人のいうことというのと、公正無私の主張というのとの、二つの意義があり、後者はそのいうことの内容に道徳的意義をもたせたのであるが、一般にはこの二つが混淆せられて、また区別せられずに用いられ、多数人のいうところが公明正大なものの如くに思われがちであった」(津田左右吉『明治維新の研究』昭和二一年２００頁〜２０１頁)。

津田の生きた時代には、元々フランス語の opinion publique［英語では public opinion］に由来し、訳せば「公衆の意見」つまり「公論」ということになるが、津田の生きた時代には、「世論」は日常用語になっていなかった。

戦後は、「輿論」を「よろん」と読んで「人々の議論あるいは議論に基づいた意見」（public

opinion)、「世論」を「せろん」と読んで「世間一般の感情あるいは国民の感情から出た意見」(popular sentiment) を意味していたようだが、次第に「世論」を「よろん」あるいは「せろん」と言うようになり、「公的意見」も「大衆感情」も意味するようになった。「世論」を「よろん」と読めば、「公論」の意味に近くなる。

不思議と、昭和三三年初版の『社会学辞典』には「公論」という用語項目がなく、「世論」の項でも「公論」という用語には言及していない。

「公論」と「世論」の二つの用語に言及しているのは南　博『体系社会心理学』一九五七年初版) である。

アメリカ社会学では「公衆がもっているいろいろな意見が、やがては、ひとつの決定となっていく過程をふくめて、世論とよぶ」。「理想的な状態の公衆が論理的、民主的な討論を通じて、意見のくいちがいが調節され、集団の共通意見へとみちびかれるのである。公論は、このように、理想的なかたちの世論である」「しかし、じっさいには公論がおこなわれることは困難であり、世論は、ふつう、偏見、先入的態度、あるいは群衆態度の表現にすぎないばあいが多く、非論理的、無批判的なデマに基づいていることもしばしばある」。

南博は「ある社会的な対象について、支配層が、一方的な報道や声明を一般民衆に流し、それについて自分たちに有利な世論をおこさせる」のは「上からの世論」で、「政府の政策などにたいする下からの批判」を「下からの世論」と呼んだ。

ただし、「下からの世論」も「民衆にとって不正確な報道しか手にはいらなければ、デマに似た不安定な世論にしかならない。しかし、民衆がなんらかの方法で支配層がかくそうとしている真実を知り、また上からのデマや上からの世論のいつわりを見ぬいたばあいには、下からの力強い世論もつくられる。それはまさしく公論の名に値する世論」である。

清水幾太郎『社会心理学』（一九五一年初版）も、「輿論（public opinion）とは、公衆（public）の意見の謂である」とし、「輿論は、単に多数の人々が共有する意見であるにとどまらず、併せて、言語的形式のうちに盛り込まれた合理的要素の上に成立すると信ぜられてゐる。このやうな信仰があってこそ、輿論は民主主義にとって基礎的な意義を持つことが出来るのである。併し、……、問題は、マス・コンミュニケーションの時代に於いても、公衆は依然として公衆たり得るかといふ点にある」と疑問を呈している。

要するに、「公論」は、正確な情報と知識を前提として理想的な形で形成される「世論」である。「上からの世論」作りについては、二〇二二年後半の岸田政権下でその具体例を見ることができる。「国葬儀」という新語を絞り出して安倍「国葬」を強行し、「救済新法」を成立させて関与議員を救済し、「専守防衛」を捨てて「敵基地反撃能力」を装備し、「原発安全神話」で原発の運転期間延長と新増設を進め、改憲を急ぐ。

フェイクニュースが飛び交う現在、私は安直に「公論」という用語は用いない。「万機公論に決すべし」と謳《うた》っても、「公論」がまともに形成された試しがない。今では「公論」は「公式の意見あるいは見解」と誤解されかねない。

✍日本の民衆運動の特徴

民衆史家の色川大吉は、「ここで取り上げる民衆運動とは、知識人の運動や職業政治家などが指導する運動ではなく、一般民衆が自分の社会的、生活的欲求によって起こした自立的な運動に狭く限ることにする」として、論を進めたが、「そうは言っても民衆運動も社会的矛盾の総和として起こるのだから、純粋に民衆だけの自立的な運動などというものは現実には存在しない」。何らかの形で反体制側のイデオロギーや反体制知識人の影響を受けている（「日本の民衆運動の特徴について」『世界』一九八六年二月月号）。

色川は日本の民衆運動の特徴を七つ挙げているが、私は（四）と（六）に注目する。

「四　イデオロギーよりも道義感を支柱にし、地域共同体を土台にして戦う時強く、逆の場合は分裂、転向、解体しやすい」

「六　政治的、暴力的には完敗しても、倫理的、思想的に敗北しないかぎり、その伝統は復活し、再生している」

水俣の民衆運動は地域共同体を基盤に水俣の基層民がチッソ株式会社に道義的責任を求めた反公害闘争であり、足尾鉱毒闘争も谷中村の農民が田中正造を指導者に渡良瀬川沿岸の数万の農民の道義心を揺さぶった。倫理的、思想的には敗北せず、反公害運動は再生復活している。

●慶応四（一八六三）年三月一四日に明治天皇の名で宣布された「五箇条の御誓文」の第一条には「万機公論に決すべし」とあった。天下の政治は「公論」に従って決定すべきであるとの意味であり、明治新政府の基本方針であった。しかし、以後、民意の「公論」や「公議」が正論として政治や政策に反映され、社会変革に繋がることは稀であった。「世論」は大抵、「お上」が形成する。

東京大学の三谷博名誉教授は日本の近現代の政治は「公論」と「公議」によって決められてきたと言う（『週刊東洋経済』二〇二一年一一月二〇日号）。しかし、「公議」で国策を決めていたら、軍部独走を防げたろうし、「公論」で東京五輪を中止にできたろうし、コロナ対策も支離滅裂になることはなかったろう。この日本近世近代史の専門家は歴史修正主義者か。私はこの学者の見識を疑う。

●ところで、「公論」あるいは「世論」（public opinion）は、どのように形成されるのか。

「群衆」（crowd）も「公衆」（public）も、成員間に共通の関心が存在する非組織集団であるが、「群衆」は「肩と肩とをすり合わせた人々の集団」で、街頭などに一時的に存在する（ル・ボン『群衆心理』一八九五年）。「公衆」は、群れ集まった存在ではなく、個々ばらばらに存在し、その結びつきはコミュニケーションによって保たれる。

「大衆」（mass）は支配的な社会的勢力の対極にある「多数の無定形的な存在」であり、社会運動上、プラスにもマイナスにも働く。「大衆」は集まり群れれば、群衆化する。日本社会では「庶民（the common people）」とも呼ばれている。

支配層に対して被支配層が優勢に立つ時代を、ル・ボンは「群衆の時代」（『群衆心理』一八九五年）、ガブリエル・タルドは「公衆の時代」（『世論と群衆』一九〇一年）、オルテガ・イ・ガセットは「大衆の時代」（『大衆の反逆』一九三〇年）と呼んだ。

タルドは付和雷同的に集まり群れた「群衆」よりも、「理性《レゾン》」に目覚めている「公衆」を民主主義の成立基盤と認めようとした（『世論と群衆』一八九八年）。ただし、理性的な個人も、群れると、理性的な判断ができなくなる。「群衆」が公衆化するのは稀だが、「公衆」は群衆化することもある。「群衆」も「公衆」も、た易く言葉に浮かされる。

「伝統（tradition）」は先人の残した有益な遺産でもあるが、現代人には世論形成を制限する「社会的精神（esprit social）であり「理性の担い手」になる現代人には重荷となる。「伝統」は大衆の「感情的で付和雷同的な索引力であり、彼らの心奥深く根を下ろした古色蒼然たる行動原理」である。世論が大衆化して「伝統」に組み入れられるならば、「今日の理性が明日の世論となり、明後日の伝統となるだろう」が、「慣習」の威を借りて、理性的な変革者たちを圧迫、放逐すれば、社会は旧態依然のままである（タルド）。

議員は特定の関心と利益を共有する社会層の代弁者とも言えるが、「指導的な理性の権化」（タルド）である本物の政治家（statesman）であるならば、未来を見据えて、特定層に偏しない公正な政策を進めるだろう。

●「群衆」が「公衆」に変り、「公論」を形成し、事態を変えた例はある。シェイクスピア『ジュリアス・シーザー』の中の「群衆」はブルータスの演説を聴いてシーザー暗殺が正当であったと、一旦は納得するが、次いでアントニーの演説を聴くと、ブルータス弾劾の「公衆」に変貌し、ブルータスら謀叛人どもの襲撃が「公論」となった。

一九八九年一〇月二一日、ルーマニア・ブカレストの「共和国広場」で、チャウシェスク大統領が組織した支持集会が開かれた。大統領が演説途中で一瞬、口ごもった。その時、一人の男性が宮殿前に張られたロープ近くから、バルコニーに立つ大統領夫妻に向かって、手をメガホンのようにして

「人殺しチャウシェスク打倒！」と声を張り上げた。この「最初の一声」をきっかけに「群衆」は統制を失い、反政府集会に変った。あちこちで反政府デモが始まり、やがてブカレストは激しい市街戦の舞台と化した。

●政治指導者は如何にして民衆を引き付けるか。ル・ボンは「群衆」について言うのだが、証拠や論証を伴わない簡潔な「断言」を繰り返して、それに「感染」させる。一つの場所に集まる「群衆」でなくても「感染」させることができるから、民衆はタルドの言う「公衆」になり、「世論」を形成する。政治指導者はこれを「民の声」として「公論」とすることができる。

議会民主制社会においては、「公衆」の民度が問題になる。有権者は「覚醒」し、本物の政治指導者を選ばなければならない。

●「公衆」はばらばらに分散し孤立していても、共通の関心を共有すれば、コミュニケーションを通じて結び付き、「公論」あるいは「世論」を形成できる。特にコミュニケーションの手段が発達した現代は「公衆」と「公論」の形成が容易である。インターネットで署名サイトを立ち上げれば、ネットで署名も集められる。彼らは「公衆」であるが、熟考せず理性的に判断しないで、安易に署名する場合も多くなる。

「公衆」には、ある理念の下に結集して「公論」あるいは「世論」を形成し、社会を変革できる可能性がある。その結集の仕方の一つが署名運動である。

東京五輪開催直前に学者や作家、ジャーナリストら14人が呼びかけて、東京五輪の中止を求めてオンライン署名を集め、約14万筆に達した。呼びかけ人の社会学者の上野千鶴子らが二一年七月一九日、東京都庁を訪れ、提出した。一方、弁護士の宇都宮健児らのオンライン署名も45万筆を超え、七月一五日、小池都知事、菅首相、丸川珠代五輪担当相、東京五輪組織委員会の橋本聖子委員長宛に、開催中止を求める要望書と共に署名簿を提出した。

都庁で会見した上野は「新型コロナウイルスの感染拡大など、この状況下で五輪を強行するのは正気とは思えない」と語った。しかし、各国から事前合宿に続々と来日している時期に五輪中止は不可能だ。真珠湾に向かって爆撃機が飛び発ち、攻撃直前に、引き返せと命じるようなもの。こんな暴挙を呼びかける知識人こそ、「正気とは思えない」。

知識人ならば、東京五輪中止だけでなく、その後のオリンピックという国際行事そのものの廃止を唱えるべきだ。

オリンピックの理念が崩壊して久しく、開催の意義はすでに損なわれている。国威発揚と経済効果を目的に、同じ都市で同じ時期に全ての競技の世界大会を開催する意義があるだろうか。それぞれの競技の世界大会を、好条件の都市と時期にそれぞれに開けばいい。ＩＯＣは、それぞれの世界大会を協賛支援する機構に組織替えすればいい。

私は東京五輪をテレビ観戦しなかった。オンライン署名の呼びかけ人も署名者の多くも、テレビ観戦を楽しんだに違いない。本気で反対ならば、テレビ観戦せずに視聴率を下げるべきではないか。大会の結果は新聞やスマホで分かる。

署名簿を関係機関に提出しても大抵、「梨の礫《つぶて》」。回答は無い。交渉の席についても、「糠に釘」か肩透かしを食らう。署名運動で事態が好転するのは稀だ。

安易な署名運動では、社会は変えられない。

◆デモで政治を変えられるか

●民主主義の成熟度の指標になるのが抗議デモの形態。抗議デモを公然と行なえること自体、民主主義が根付いている表われだが、厳しい警備の下に行われるデモが多い。

軍政下のミャンマーでは、デモ行進中にたった一言《ひとこと》声を上げると、銃を向けられた。今のロシアなら、反戦を叫んだり、たった1枚のプラカードを掲げただけでも逮捕され、刑を科されるかもしれない。

モンゴル国では二〇〇九年七月一一日、スフバートル広場に集まった群衆が暴徒化し、人民革命党本部があるビルを襲い、警官隊と激しく衝突し、死傷者が出た。モンゴル国のデモ行進も、厳しく規制されたスタイルを採っている。小さな子どもも楽しくデモに参加できる社会ではない。

二〇一一年九月一一日に新宿で行われた脱原発デモの際、参加者のうち１２人が公務執行妨害の容疑などで逮捕された。このデモに慶大教授の小熊英二氏も、娘を連れて参加していたが、５歳の娘は警官隊を怖がったと言う。

一九八二年六月一二日、ニューヨーク市の繁華街で反核デモが行われた。主催したのは反核運動組織「六月一二日委員会」。参加者は、主催者側発表で百万、警察側発表で75万にのぼり、世界の反核運動史上最大規模のデモになった。

このデモの特徴は多様性。デモ参加者の圧倒的多数は草の根の市民たちで、組織的に動員された者たちではなかった。横断幕やプラカードは参加者それぞれが勝手に作り、そこには思い思いの要求や主張が書いてあった。それぞれが個人の自発性と責任に基づき、それぞれ創意工夫を凝らしての参加だった。

もう一つの特徴は「デモをする人」と「デモを眺める人」の区別がないことであり、デモが迷惑視されないことだ。沿道の人々がデモに拍手や声援を送る。デモ隊に向かって盛んに投げキスを送る女性たちも見られた。沿道から人々がどんどんデモ隊に飛び入りし、デモの波は見る見る膨らんでいった。

二〇一一年一〇月九日夕方、小規模ながら、こんなスタイルのデモが東京に登場した。渋谷の公園通りを、太鼓やトランペット、フライパンなど、思い思いの「楽器」を奏でながら、デモ隊が練り歩く「サウンド・デモ」だ。組織も動員もなく、告知はネットや口コミに頼った。参加者は百人と届けていたが、いざ蓋を開けると、６００人が集まって来た。

二〇一二年八月現在、すっかり定着して毎週金曜日に行われる首相官邸前での脱原発抗議行動。警察の過剰警備が問題視されている。歩道と車道の間に鉄柵を並べて、参加者を押し込める。参加者がカメラを取り上げられ、制服は着ていないが「警視庁」の腕章を着けた二人組がビデオカメラを回す。日本の民主主義は、まだまだ未成熟だ。

［**追補**］

国会で審議中の「特定秘密保護法案」に反対する市民デモ隊が二〇一三年一一月、議員会館の外で

「絶対阻止」を叫んだ。この反対デモを自民党の石破茂幹事長は同年一一月二九日付の自身のブログで、「単なる絶叫戦術はテロ行為とその本質においてあまり変わらないように思われます」「(街頭デモ）は民主主義と相いれない部分がある」と指摘した。議会制民主主義が危うくなり、国民の知る権利が奪われようとしているので、止むに已まれず大きな声を上げて、反対の声を届けたのだ。国会周辺のデモも特定秘密の対象に含まれるのか。石破発言こそ、その本質においてテロ行為とあまり変わらない（二〇一三年一二月）。

●抗議デモは間接民主制が適正に機能していない時に発生する。選挙までは待てない民衆の直接的意思表示。デモで政治の流れを変えられるか。

一九六〇年六月、日本では安保反対のデモが国会周辺で連日続き、特に東大女子学生の圧死を受けてのデモには主催者発表で33万、警察調べで13万人が参加した。これを聞いた岸信介首相（当時）は、「国会周辺は騒がしいが、銀座や後楽園球場はいつもの通りである。私には〝声なき声〟が聞こえる」とつぶやいた。いわゆるnoisy minority（声高な少数派）に対するsilent majority（声なき多数派）発言だが、この時、銀座と後楽園球場には合わせても13万以下の人々しかいなかった。この場合は「声高い多数派」と評すべきだ。この時、デモに踏み切った一人の背後には百人の支持者がいたはずだという。が、このデモは安保を阻止できなかった。

二〇一二年七月二〇日金曜日、原発再稼働に反対する首相官邸前の抗議行動に9万人（主催者側発表）が集まった。三月末、13の団体などで作る「首都圏反原発連合」が「金曜集会」を始めた時には

300人だったが、回を重ねるうちに万単位の週末抗議行動に膨らんだ。六月二九日夕刻、野田首相は「再稼働反対」のどよめきを聞いて、「大きな音だね」と警護の警官に話しかけた。言動に慎重な野田首相は「声」ではなく「音」という語を使った。

週末デモは、学生や労組、左派政党の動員が主だった半世紀前とは趣が異なる。風船を持つ親子、勤め帰りの人、お年寄りなどの参加が多い。つまり、ひと昔ならまだ会社で働いているはずの人や子育てで忙しいはずの年齢の子連れでない女性が目立つ。

二〇日には民主党の鳩山元首相ら国会議員も参加し、再稼働反対を叫んだ。鳩山氏は首相時代、原発輸出を進める成長戦略を打ち出していた。

デモが盛り上がりは六〇年安保で1カ月、パリ五月革命で2カ月。週末デモは4カ月も続いた。運営や誘導に当たる主催者側の「首都圏反原発連合」は「想定外の」社会現象にうれしい悲鳴を上げた。脱原発の「金曜集会デモ」は、しっかり日常化した。

二〇一一年三月一一日以降、国民の政治的リテラシー（理解能力）は大きく上がった。福島の事故は人災だから、どこで再発してもおかしくはない。自分や家族の健康に関わるとなれば、危機感が共有され、人々は団結する。新形態のデモは政治の流れを変えるかもしれない。

それにしても、抗議デモが頻発するのは議会制民主主義が適正に機能してないからだ。国民の多くは、デモに参加できるほど暇ではない。それでもデモに参加するのだから、余程のことだ。デモを必要しない社会の到来を待ちたい。

［追補］

国連人種差別撤廃委員会は二〇一四年八月二九日、日本政府に対し、ヘイトスピーチ（hate speech/憎悪表現）問題に「毅然《きぜん》と対処」し、法律で規制するよう勧告する「最終見解」を公表した。「慰安婦問題」についても、日本軍のよる慰安婦の人権侵害についての調査と心からの謝罪と補償を求めた。しかし、この勧告を逆用して、原発の再稼働に反対するデモなどは規制すべきとの声が出た。これに対し、自民党の高市早苗政調会長は「国会周辺のデモに新しい規制を設けるような法的措置等を講じることは考えていない」とする談話を発表した。特に首相官邸や国会の前での脱原発デモは自己規制され暴徒化の危険は全くない。

●三里塚で農民たちはなぜ「お上」に抗《あらが》ったか。「お上」は理不尽にも、農民が切り拓いた土地の簒奪を謀り、政治言語を弄して同調圧力を掛けた。農民は「お上」の専横に抵抗したのだ。「三里塚闘争は日本の抵抗運動の伝統を再現し、国家の権威に抗《あらが》う運動の歴史に新しいページを開いた」（デイビッド・アプター）。

●一九一九年七月一五日、JR札幌駅前で応援演説をしていた安倍晋三首相（当時）に、一人の男性が「安倍やめろ」と野次を飛ばし、警察官らに排除された。もう一人の女性が「増税反対」と叫ぶと、移動させられ上、警察官らに長時間付きまとわれた。

二人は二〇年二月、「政治批判の声を最高責任者にぶつけるまれな機会を違法に奪われた」として、慰謝料などを求めて提訴した。北海道警は「原告らが他の聴衆から危害を受ける恐れがあったから、「警察官職務執行法」に基づいて排除「保護」したと主張。

札幌地裁は二二年三月二五日、「二人の表現の自由などが違法に侵害された」として、北海道に計88万円の支払いを命じた。

安倍氏は首相在任中に議場で再三、野次を飛ばしている。

（三）説得と強制と排除

◆モンテスキューの権力分立論

モンテスキューは『法の精神』（一七四八年）第一部第二編で政体には、「共和政体」「君主政体」「専制政体」の三種類があると言う。

「共和政体」は人民が全体として、あるいは人民の一部が統治し、「君主政体」は君主が一人で統治するが、両政体とも「確固たる制定された法律」に基づいて統治する。これに対して「専制政体」においては、「ただ一人が、法律も規則もなく、万事を彼の意思と気紛れとによって引きずって行く」。

これまで私は、日本の政治は国民の中の一部の特権的な階層によって統治されていると思っていたが、昨今は、ただ一人の権力者が法律も規則も無視して、万事を彼の意思と気紛れによって統治しているのではないか、と感じている。ただ一人の権力者と言っても、彼は神輿として担がれ、「お上」

にされたに過ぎず、神輿を担いでいる連中こそ陰の権力者で「お上」である。日本人の「お上」に恐縮する社会通念こそ民主主義を形骸化させる元凶ではないか。

さらに、モンテスキューも言うように、為政者を投票によって選ぶ時、投票者はある意味で「君主」だが、投票が「誰によって、誰に対して、何に基づいて行われるべきか」が重要となる。『法の精神』に一貫するのは、人間の性質が許容する法律を完成させ、権力分立をさせること。自由主義者のモンテスキューは専制政体を嫌ったが、革命的な共和主義者ではなく、むしろ君主政における貴族の役割を重視し、共和政体を動かすバネは「政治的な徳（vertu）」だと言う。彼は「政治的な徳」とは「祖国への愛、すなわち、平等への愛」だとも言うし「自発的に私利よりも公益を優先させようとする」意思とも言うが、私は「政治的知見」と解している。

権力は立法・行政・司法の三つに分割し、それぞれ別々の機関が担当すべきとされている。立法権と行政権とが結び付けば、恣意的に法律を作った者が恣意的に法律を執行し、同一人あるいは同一団体が司法権と行政権とを握ったら、恣意的に強権を執行し法律は空文化するからだ。

モンテスキューの権力分立論は、権力を三つに分権するだけに止《とど》まらない。

司法権については独立した常置の機関を置かず、その都度、無作為に選ばれた陪審員が行う（陪審制）。

立法権は最高の権力になり得る。立法権と行政権を、立法府と行政府にそれぞれ専属させれば、行政権は立法権に服従することになる。行政府や司法府より優位に立つ立法府には様々の勢力が関与すべきだ。

だから、立法については、悪法であれば行政府の長に拒否する権利を与えて立法に参与させる（立法拒否権）。一八世紀前半の英国ならば、立法府は国王と貴族院と庶民院で構成されていた。一方、「（首長を）監視しない議会はない」（二〇二三年一月一八日志位和夫）。

三権の府以外に独立のチェック機関を設ける必要がある。

日本ならば、先ず官僚機構の中立。内閣人事局が審議官以上の省庁幹部６００人の人事権を握ってはならない。最高裁判事の人事権を内閣が握ってはならない。違憲立法は違憲立法審査会がチェックし、内閣法制局が閣議に付される法律案、政令案、条約案を審査する。

検察庁の仕事を、検察審査会がチェックする。二〇一九年の参院選広島選挙区で河井克行・安里夫妻から現金を受け取った地元議員を、東京・広島両地検は二〇二〇年七月、不起訴とした。これに対し、検察審査会が「起訴相当」と議決したのを受けて検察当局は二二年三月、地元議員ら34人を、公職選挙法違反で起訴した。

今の日本は三権分立とは言いながら行政府が突出して、司法府を従え、立法府を「翼賛国会」化し、「大勢順応」が嵩じて、日本人は「体制翼賛」に奔っている。総じて日本の公的機関とメディアは体制を翼賛し、日本は体制翼賛社会化している。今、「〇〇する力」と題する読み物が出回っているが、今の日本で最も必要とされるのは、「お上」に異議申し立てする力、「体制」に抗する力かもしれない。

◆「排除」の論理

●いったん一部の有権者の支持を得て当選し権力行使に正当性が与えられると、その一部の有権者の利害を代弁し私利だけを追求する政事業者に堕す政治屋・（politician）が少なくない。

一部の有権者の利害を代弁するにしても、公明正大なステーツマンシップを持ち合わせた政治家・（statesman）であれば有権者全体の共通の利害を公正に調整しなくてはならない。

一部の住民による住民運動も、一部の住民の利害のために他の住民に同調を求める運動である。同調圧力をかけない政治運動はない。市民たちが再考を促しても応じない市議らは、古代アテネの陶片追放《オストラキスモス》（ostracism）にならって「排除」「排斥」するしかない。

●古代アテネには、公職者弾劾制度があった。僭主（tyrant）の出現を防ぐため、市民が僭主になる惧れのある人物の名前を陶片に書いて６０００票に達すると、その人物は一〇年間、国外に追放された。公職者を裁く弾劾裁判も定期的に開かれ、罷免のみならず、処刑も行われた。それほどまでにアテネ市民は僭主の出現を怖れたのである。

「要するにアテネ民主政は、永続的に支配者の座に就く個人の存在を許さず、たまたま権力を委ねられている人物も、その行使に際しては責任を厳密に追及されねばならぬという、単純だが明快な原理によって成り立っていた」（橋場弦《ゆづる》『民主主義の源流　古代アテネの実験』二〇一六年）。

アテネでは役人は抽選で選ばれたが、民衆裁判所で面接試問による「資格審査《ドキマシア》」を受けなければならなかった。そして政治家も官僚も、定期的にあるいは不祥事があれば「弾劾裁判《エイサンゲリア》」にかけられ、罷免のみならず処刑にも遭った。

トランプ前米国大統領は二度、弾劾裁判にかけられ評決の結果、無罪になったが、刑事責任が問われる可能性を残している。バイデン大統領は「この悲しい歴史の章は、民主主義が壊れやすいということを我々に喚起した」と語った。

●有権者は、いったん権力行使を依頼した議員団に対して異議申し立てができるから、彼らの言動の監視を怠ってはならない。いったん当選しても、その後、市民の声を無視し、議員として不適任と見なされても、翻意しない議員らを公職から追放する「リコール」の住民運動を、有権者は展開できる。しかし、大々的な不正も行われる。愛知県の大村秀章知事に対するリコール（解職請求）に集めた約43万筆のうち、8割以上は偽造されたものだった。

公職選挙法違反で罰金刑が確定すると、公民権も原則5年間停止になる。菅原一秀衆院議員が二〇二一年六月一日、選挙区内での違法寄付問題の責任を取り、議員辞職を表明した。辞職を表明し「情状」に訴えれば、公民権停止の期間を短くし、早めに再出馬できるからである。菅原氏の地元では惜しむ声が出ている（同年六月二日付『朝日』）。地方での選挙不正ならば、なおさら情状酌量の声が多かろう。河井夫妻から現金を受け取ったとして公職選挙法違反の疑いで市民団体から告発された地元議員ら100人について、東京地検特捜部は二〇二一年七月六日、全員を不起訴と発表した。

二〇一九年七月の参院選広島選挙区での大規模買収事件で、現金を渡した側は有罪となったが、もらった側は刑事責任を問われず、東京地検は不起訴にした。

検察審査会は二二年一月、35人を「起訴相当」、46人を「不起訴不当」として再捜査を求める議決を出した。

13人が受け取っていた広島県議会は二一年、政治倫理委員会を開いたが、簡単な釈明を聞いただけで一律の文書警告に止《とど》めた。広島市議会も13人に説明を求めたのみで、一部議員への辞職勧告決議案は否決した。事件を招いた自民党も、河井氏側に渡した1億5千万円の使途の詳細を明らかにしていない。

検察審査会の議決を受けて東京・広島の両地検は二二年三月一四日、現金を受け取った100人のうち地元議員ら34人を公職選挙法違反で起訴したと発表した。

「桜を見る会」の夕食会費用補填問題で安倍元首相は再び不起訴になった。「文通費」の見直しや使途公開の問題は先送りされた。議会や政党の自浄作用には期待できない。

民主主義社会における「公衆」の民度が問題になる。有権者は「覚醒」し、本物の政治家を選ばなければならない。選んだら、彼らの議員活動を監視しなくてはならない。

●政治体制が専制や独裁制でなく民主制下の社会であれ、説得に応じなければ、「同調圧力」がかかり、最終的には、排除排斥される羽目になる。

「話せば分かる」と言われるが、分かろうとしない輩が多すぎる。指導力は説得力であり、説得に応じなければ強制力が働く。残る手立ては「排除」。説明責任を果たさない議員らは次期選挙で排除するしかない。「統一教会」と「濃厚接触」して国民を浸食した議員は「排除」しなければならない。

☹**「暗殺も已む無し」（中江兆民『一年有半』）**

ロシアの最高権力者は、暴走を続ける。前線のロシア軍兵士は戦意が低く前線指揮官が背後から兵士に銃を突き付けて侵攻させるらしい。ロシア国内では反戦の声が高まっている。ロシア国民は自ら選んでしまった狂人の最高権力者を自らの手で「排除」するしか、平和回復の道はないのではないか。

クセノフォーンは『ソークラテースの思い出』の中で、以下のようなソクラテスとの問答を伝えている。

ソクラテスは、法の制約と同時に国民の同意を真の王政の必須条件として挙げ、法律に則らず国民の同意も得ず、支配者の意のままになされる統治を独裁政と呼んだ。クセノフォーンが「もし仮に法を守るはずのその王が法を破る行動を始め、善い進言を聞き入れず進言者を粛清したら、その王を退位させる権利が国民にあるのか」と問うた。すると、「身の安全を保てるか、それとも身を滅ぼすかね？」と逃げ腰になり、答えをはぐらかした。クセノフォーンが訊きたかったのは、善い進言を拒絶する支配者を排除する権利が国民にあるかどうかであった。

ソクラテスの論法は次々に問いかけては相手の答えを否定して相手を追い詰めるが、相手の問いははぐらかして逃げる「否定的問答法」で、確答を明言しない。ソクラテスの問答は対話学習の模範のように見なされているが、とんでもない。

しかし、中江兆民とその愛弟子の幸徳秋水はそんな場合、暗殺も「已む無し」と明言している。「暗殺はその是非《ぜひ》を論ずべきにあらずして、ただその国社会《くに》において果《はた》して暗殺の必要を生じたること、これ甚《はなはだ》哀《かな》しむべきなり」と言い、暗殺そのものよりも「暗殺の必要が生じた」社会こそを問題視し、権力者の不正腐敗に対する「社会の制裁力微弱なる時代」には暗殺も已む無しと論じた（『一年有半』）。

兆民の弟子の幸徳秋水も、「社会が……正当の判断及び制裁の力を失せる時代」には暗殺者が社会に代わってこれを行なうべしと考えたが、大きな犠牲と反動が伴う天皇暗殺を躊躇した。

こんな秋水に、天皇爆殺の実行を計画していた管野スガや宮下太吉らは「幸徳ハ筆ノ人デ、実行ノ人デハナイ」と見切りを付けた。

しかし、秋水は、天皇制に呪縛されて感覚が麻痺し思考が停止した日本国民を刺激して天皇制解体の革命的条件を作り出すために「平民社」の機関誌『自由思想』を発行し、「正当な判断及び制裁の力」のある社会を創出しようとしていた。しかし、秋水は「大逆事件」の首謀者と見なされ、刑死する。

ヒトラー政権末期にもヒトラー暗殺が幾度も計画されたが、最大規模の暗殺クーデター計画も一九四四年七月二〇日、未遂に終わった。

プーチンの側近は「プーチンが怖くて本当のことが言えない」。ロシア社会自体がプーチン大統領に対する「制裁の力」を失い、国際社会の経済制裁も「戦争犯罪人」プーチンにはなんのその、制裁に打つ手がなく、停戦交渉も進まない。

未開社会には「王殺し（regicide）」の慣習があった。「神なる王」が病気や老齢などでその生命力が衰えた時、伝統的に決められた強制死あるいは自死で、生命を絶たれた（フレイザー『金枝篇』一八九〇年）。

古代アテネの政治指導者は不祥事があれば「弾劾裁判」にかけられ、罷免や国外追放に遭い、処刑されることもあった。

ロシアの政官人は、ウイットで逃げる。フルフチョフ第一書記は一九五六年の党大会で、スターリンの専横を名指しで糾弾した。すると聴衆から「あなたはその時、何をしていたのですか」という声が上がった。フルシチョフは「いま発言したのは誰か。手を挙げていただきたい」と睨《にら》んだ。しかし誰も挙手しないで黙り込んでいる。フルシチョフは言い返した—「今のあなた方と同じように私も黙っていた」（川崎浹《とおる》『ロシアのユーモア』一九九九年）。

ロシア政府の発表では、ロシア国民の８３％が今なお、プーチンを支持していると言う。ならば、ロシア国民の83％が狂気という病気に冒されていることになる。ロシア社会が正当な制裁の力を失ったのなら、「甚哀しむべき」ことだが、プーチン暗殺も「已む無し」だろう。

第6講

体制翼賛化する言語教育

（一）言語政策の罠

日本の言語政策には罠がある。国語教育は思考と世論を画一化させる。戦前戦中の外地での日本語教育は臣民化が目的だった。外国人技能実習制度下の日本語教育は外国人労働者を搾取するために行なわれている。グローバル化時代の英語教育は英語をマスターした日本人は日本ではエリートだが、米国の二等国民。英語ができない日本人は経済格差を付けられる。

◎回帰する「国語」―「国語」確立と表記の問題

近代の国家は大抵、国民国家の形態と均質的な国民の形成を目指し、全ての国民は同じ言葉を話し書くことを求める。

明治国家も、国民に階層差も地域差もない話し言葉と書き言葉を求め、話し言葉と書き言葉の溝を埋めようとした。国語学界は学問的に単一で均質な「国語」を作って、国家の言語政策に深く関与した。「国語」作りは、国民国家として日本が完成する一九〇〇年前後の時期に具体的に始まった。

●東京帝国大学教授の上田万年《かずとし》は一九九五年、日本帝国の「国語」を、大和民族の「精神的血液」であると位置づけた（安田敏明『「国語」の近代史』二〇〇六年と山口謡司『日本語を作った男』二〇一六年）。

一九〇四年四月から小学校で国定教科書の使用が始まり、文部省は一九一三年までに全教科書の国定化を目指し、その結果、表記を整理統一した国定国語読本が登場した。

一九三〇年代以降、日本の植民地や占領地で同化させるために現地人に「国語」を強要し、やがて「国語」は「大東亜共栄圏」の共通語となった。

しかし、この「国語」教育は奇妙な現象を生む。植民地「国語」をマスターした朝鮮人少女が、四国弁は話せるが「国語」を話せず、四国弁丸出しの日本人少年を嗤《わら》うという場合も起こる（安田敏朗『「国語」の近代史』二〇〇六年17頁～18頁）。

アジア太平洋戦中、日本の植民地に「国語」で教育する学校が開校した。日本軍の占領下にあった張家口市の「興蒙学院」や「回天女塾」でも徹底した「国語」教育が行われていた。張家口の「西北研究所」の文科系主任だった藤枝晃は、「回天女塾」の日本語劇を見た―「そやから、日本語は上手ですわ、ここの女生徒はね。何度もここの女生徒の日本語劇を見せられましたがね、一回は見られる。しかし、同じもん二回見たら、もう見られへん。かわいそうで、かわいそうで、猿芝居やらされてるみたいでね」（本田靖春『評伝今西錦司』一九九五年１７１頁）。

●上田は日本の国語を設定しようと試みたが、それを制度化し実施するまでには至らなかった。金田一京助は戦後、「国語審議会」に属して、「国語」の民主化の名の下に、標準語論と敬語論と仮名遣論を展開し、「国語審議会」を主導した。

金田一の国語論は元々、師の上田の論より政治性の強いものだった。一九三六年に「日本諸学振興委員会」という学問を体制翼賛に総動員する組織が設置された。その「国語国文学特別学会」は一九四二年五月、「大東亜新秩序の建設と国語学及び国文学」と題する研究発表会を開き、12名が報告を行なった。しかし、大東亜新秩序の建設に資する研究発表は稀だった。金田一だけが主題に沿って「大東亜新秩序の建設と国語学」と題する時局的な研究発表を行なった。金田一は、西洋文化摂取は「向へ行過ぎた嫌い」があるとし、「今や我が国民の使命は、国体を基として西洋文化を摂取醇化し、以て新しき日本文化を創造し、進んで世界文化の進展に貢献するにある」と「時代の要請」に応《こた》えた。

この発表の中で金田一は、日本語に適用された品詞分類は「向のやり方を其の儘こちらへ取り入れたものであると批判し、彼の展開した「音韻論」と「国語」表記論は戦後、再び登場する。

周囲の人々が「火鉢」を指して「ヒバチ」と発声したとする。一人一人の「音声」は、音色や声量などがそれぞれ異なり、同一人物でも全く同じ「音声」で「ヒバチ」と繰り返せない。しかし、それを耳にした子どもは同じ「ヒバチ」と認知する。この抽象された音声観念が言語学上の「音韻」である。この音韻を表記すればよいと金田一は考える。従って、「今日」も地域や階層、時代や年齢などにより、「キヨー・キョウ・キャウ・ケウ」などと発声されるが、抽象化した「音韻」で「きょう」と書けばよい。「ジ」と「ヂ」、「ズ」と「ヅ」のどちらも許容する。例えば、「ジ」と「ヂ」の発音の区別は、江戸時代の中ごろから無くなっていたから、本来は「ぢめん」が正しいが「じめん」でもよい。金田一の師・上田万年以来の宿願は一九四六年の「現代かなづかいの告示」で実現をみた。

漢字は制限するが、全部、仮名書きでは読み難いので、漢字仮名まじり文にする表記論を展開した。

金田一の標準語の私案によれば、「江戸言葉」は江戸時代に各地の方言使用者が集合生活する中で自然に出来て、「東京弁」になった。一国の中心である東京の共通語を標準語にするのが望ましい。

東京人の発音も千差万別だが、良識ある東京人の発音を標準にする。大衆の「驚くべき造語能力」は認めるが、最終的に「標準語」として洗練させるのは東京の「良識」であるとした（一九五五年の国語審議会標準語部会）。共通語を精緻化し「標準語」にするのは「良識」の権力か。

金田一は第一期国語審議会敬語部会長として、会議を主導し、「これからの敬語」について建議し、「敬語は有用か無用か」という会議資料を提出した。

その中で金田一は、「敬語法は日本語の美しい特徴であるから、これからもぜひ保存していかなければならない」という説と、「日本語の敬語法は封建時代の遺習であるから、これからの民主主義の世の中では、当然、清算すべきものである」という説と、「敬語法は尊敬感情の現れである。民主主義の基本は互に他の個人を尊敬することにかかっているから、これからの世の中にも、ある程度の敬語は有用である」という3説を挙げた。部会で検討した結果、第3説を基に審議を開始した。

上下関係の「絶対性敬語」から相互尊重の「相対性敬語」への転換を主張しているように思えるが、結局は「絶対性敬語への回帰」で（安田敏明『金田一京助と日本語の近代』二〇〇八年249頁）で、民主主義の名を借りた敬語存続論である。

宮内庁と報道機関は昭和二二年八月、皇室敬語には普通の言葉の範囲内で最上級の敬語を使うということで、基本的に了解した。金田一は皇室用語を敬語の「最高標準」と位置づけている（一九五五年）。

金田一は、日本語は論理よりも倫理や情緒が優った言語で、だからこそ「東亜」で広まるのだと言い、その情緒を守るのが女性であると信じていた（「日本国語の成長」一九四四年）。

金田一は、「女性語における敬語または美称の使い過ぎは戒めるべきであるが、その行き過ぎの結果が女性語の破壊とならないように」と注意している（「女性語と敬語」一九四一年の報告「標準語のために」の「女性語と敬語」の項）。

●敗戦後、民主化にふさわしい「共通語」という名の「国語」が必要になった。「国際交流」という国策の下で、外国人のために「日本語教育学会」が一九六二年、発足した。「国語学会」の名称が二〇〇三年、学会員の投票で「日本語学会」に変わった。

●外国人出稼ぎ労働者には「国語」能力が要求される。戦後の国語教育にも言語ナショナリズムが伴う。英語教育の早期化と改革の一方で、「国語」教育の強化が叫ばれる。「国語」は回帰する。

◎外国人に対する日本語教育

ここで言う「外国人」とは、欧米先進国以外の発展途上国の国民を指している。

日本政府は、出稼ぎ外国人労働者との共生の対応策として、日本語教育の充実と日本語教師の質の改善を打ち出した。しかし、日本語教育の充実とはどういうことで、日本語教師の質をどう改善すると言うのか。

かつて日本は「満洲国」で「民族協和」をスローガンに日本語を強制し、朝鮮と台湾では「創氏改名」まで強行した。植民地に神社を建てて礼拝させた。日本語教師には善意があっても、文化侵略の尖兵にされていた。

そして今、途上国では日本出稼ぎのために日本語を学習する。日本は人手不足の代替労働者として招いておいて低賃金と長時間労働で搾取する。「言語は文化の乗物」とは言え、日本語教育を通じて日本の生活文化を押し付けている。その先頭に立たされているのが日本語教師である。

今、日本語教師は労働搾取の尖兵となり、日本社会に適応させるため日本の生活文化を教え込む。和式教育の輸出も盛んである。

日本で働くのだから、日本語力は不可欠だが、生活文化まで押し付けて一時的に同化させて代替労働させている。

政府の低賃金で不当な待遇を受けても滅私奉公する出稼ぎ労働者を育てられるよう日本語教師の質を高め、日本語教育を充実させるのが、政府の言う改善策なのだ。

「外国人との共生」を謳い文句にするなら、日本人も彼らの文化を学ぶ「多文化教育」こそ必要だろう。「民族協和」に失敗した史実に学びたい。

（二）国語教育の罠

グローバル化時代の今、「国家語」という意味での「国語」という言い方は、時代にそぐはない。文脈に合わせて、「日本語」「日本語教育」と言い換える。

一九四四年に設立した「国語学会」は、二〇〇四年に「日本語学会」と改称した。グローバル化の時代、当然の改名である。

しかし、学校教育の分野では相変わらず、「国語」教育である。「国語」教育は従来、あまりに文学的である。作文教育はたまに課される読書感想文程度であり、実用文の書き方の作文指導はなされていない。近年、受験対応の記述式問題や小論文の指導が始まっているが、教科上の科目として位置づけられていない。

二〇二二年度から施行される新学習指導要領では、高校国語の選択科目は現行の「国語表現」「現代文」「古典」を再編し、「国語表現」「論理国語」「文学国語」「古典探究」の計4科目になる。同時に「大学入学共通テスト」で記述式問題が導入されることから、「論理国語」を選択する生徒が多くなると予想される。記述式問題の導入は思考の画一化を進める。

文芸誌『文學界』は2019年9月号で特集「『文学なき国語教育』が危うい！」を組んだ。作家や文芸評論家、国語教員らの語る国語教育論であるから、文学教育軽視を批判する特集になっている。「日本近代文学会」など計16学会が声明を出し、「言葉によって新たな世界観を切り拓いていく『人文知』」を軽視しない「柔軟な運用」を求めた。学習指導要領にがんじがらめの教育現場では「柔軟な運用」などあり得ない。

英語はグローバル化し、英語帝国主義として、英語ノン・ネイティブを支配する〔(三)で詳述〕。総じて、騙されないための言語教育が必要である。文学偏重の国語教育は、名文よりも悪文、名演説よりもアジ演説、選挙演説、政府答弁や官僚作文などを読み聴かせ、なぜ悪文なのか、どこが欺瞞のロジックやレトリックなのかを見破る訓練をし、感想文ではない論理作文を課すべきである。

❶道徳化する国語教科書　「文学国語」

丸谷才一『日本語のために』（一九七五年）は、今の国語教科書は奇妙に文学づいていると指摘している。「文学は言葉で作るものなのだ。国語そのものをしつかり教へようともしないで、何が文学か。本末転倒もはなはだしい」と言う。日常日本語をしっかり教えないとしたら、確かに文学偏重と言える。

文学は「多義性ベース」の言語である。それゆえにその曖昧性は文学や詩文を豊かにした（ウィリアム・エンプソン『曖昧の七つの型』一九三〇年）。

一方、実用文は「一義性ベース」で、曖昧でないのが望ましい。コトバに限らず、その対象を明瞭に示すべき「記号」が、その対象を定め難《にく》くし、多くの意味を持つと、粗雑な記号となり、意味は不明瞭になる。

国語教科書は長編小説の一部や短編小説を掲載せざるを得ない。それに触発されて、全編を読む生徒も出てくるだろう。しかし、それは好み次第で読まれるのであって、必読書ではなく、誰もが個性的な小説文に読み慣れる必要はない。

詩歌は特別に仕立て上げられた日本語だ。元国語教師で歌人の俵万智に言わせると、短歌は31字だが、１００字分でも１０００字分でも伝えられるが、契約書は１００字なら１００字分しか伝えられない、と言う。しかし、日常言語は文芸のためにあるのではない。日常の生活文書は過不足なく必要な情報を伝え合うものだ。二〇一九年八月一七日付『朝日』の「天声人語」も、文芸語と日常の生活言語を混同している。

丸谷が小学四年から中学三年までの教科書を調べたところ、伝記物が多いと指摘している。国語教科書が道徳教科書化している一因である。堀越英美『お母さん不道徳講座』は国語教科書の「スーホに白い馬」や「ごんぎつね」などが道徳教材化し、感動を押し付け、教師用指導書は道徳読みさせて教訓化し、感動までを定式化させていると指摘している。推薦図書を呼んで児童生徒が書く読書感想文は大抵、「…しなければいけないと思いました」という教訓を学び取る形になってしまっている。

小中学校で児童生徒の「感動」までも型に嵌《は》める教育が行われている。ＴＶコマーシャルや宣伝広告は、知性も感情もコントロールしかねない。

小学校の国語教科書は道徳教科書化し、「教育勅語」を音読させる幼稚園も登場し、首相夫人に感動を与えた。

児童生徒の「感動」まで型に嵌《は》め、押し付ける。小学校四年の児童は「二分の一成人式」で、「親への感謝」を暗唱して「呼びかけ」させられる。卒業式では決まって「楽しかった修学旅行」「何度も練習した運動会」「いつも支えてくれた先生、見守ってくれたお父さんお母さん」「私たちは今日、○○中学校を卒業します」と「群読」させられる。何度もリハーサルがある。卒業文集は「感動文集」だ。

感情や感動にまで、型に嵌められては堪らない。その反動か、10代から30代の女性たちの間で、類義語辞典『感情ことば選び辞典』が売れている。二〇一七年七月第一刷発行以来、版を重ね、一九年三月までに１０万部を発行した（一九年九月四日付『朝日』）。気持ちを言語化するのに重宝だ。

❷文学なき国語教育　「論理国語」

「学習到達度調査（ＰＩＳＡ）」が二〇〇〇年から3年ごとにＯＥＣＤ加盟国を中心とした４１カ国・地域の１５歳児（日本だと高校一年生）を対象に行われている。二〇一五年度の日本のランキングは「科学的リテラシー」で2位、「数学的リテラシー」で5位であるのに、「読解力」は8位。「読解力」は二〇〇三年に14位、二〇〇六年に15位と低かったが、二〇〇九年に8位、二〇一二年に4位と改善されたが、二〇一五年には8位に下がった。

これまでの国語教科書は詩歌、小説、文芸評論などの文学教材に偏《かたよ》り、日常言語による「読み、書き、話す」日本語教育が疎かにになっていたから、言語的読解力が低いのは否めない。読み取る力重視の国語教育の根幹には忖度文化がある。

前川喜平元文科省次官も語っている―「これまでの国語教育が、文学的テキストの鑑賞・解釈に偏りすぎた面があり、論理国語」と「文学国語」を分けるのは、方向性として正しいように見えます」（『文學界』二〇一九年九月号）。

日常的な日本語の運用能力、言わば「生活読み方」と「生活綴り方」の教育が必要である。例えば、契約書や法律文は「一義ベース」で、曖昧でないのが望ましい。内容が曖昧で、多義的であってはならない。

明晰達意の一読瞭然の報告文、説明解説文、論説文を熟読する一方で、怪しげな広告文、危ない契約文書、難解な役所言葉の文、「長い」「難しい」「くどい」の三悪の判決文などの悪文を読み解く訓練も必要だ。名演説と並べて、アジ演説や選挙演説、政府答弁や官僚作文などを読み聴かせ、どこが欺瞞のレトリックとロジックなのかを見破る訓練も必要だ

これには「論理国語」の運用を、教育現場が自由に裁量できるようにしなくてはならない（『文學界』2019年9月号の「現役高校教師座談会」より）。

「『文学』で『論理』が十分学べる」（「現役高校教師座談会」）というのは強弁である。大学入試によく出題された「批評の神様」小林秀雄の文芸批評は、今読んでも、よく分からない。論理が明晰でなく、不明瞭なレトリックだらけである。

一方で、事実を根拠に論理的に主張する明晰達意の論説文を書く訓練も必要である。崎村耕二『英語で論理的に表現する』（一九九八年）とケリー伊藤『英語ロジカル・ライティング講座』（二〇一一年）は論理的な和文英訳のための案内書であるが、論理的日本語文の練習に活用できる。

なお、英語的な論理の構成と展開を学ぶ好個の教材として、鳩山由紀夫氏の論文がある。この英訳には二種類ある。一つは鳩山事務所が氏のホームページ用に、タイトルも含め全てを忠実に訳した逐語訳。もう一つは鳩山事務所の了解を得て要約した縮刷訳。後者は『ニューヨーク・タイムズ』に掲載され、好評を博した。英語的な論理構成で曖昧な言い回しが無く、明晰達意の文章になっていたからである。

◎「書く国語」

日本の国語教育には道徳的要素が付きまとい、言語の教育になっていない。作文には道徳的感動を

書かせる。

「文学国語」と「論理国語」の峻別は、そもそも難しい。二二年三月の公表された高校国語の教科書検定の過程で、教科書に評論文と小説の両方を載せたところ、教科書調査官から「扱いが不適切」と検定意見が付いた。

「論理国語」に小説を入れようとしたら、「小説が評論と適切に関連付けられていない」とクレームが付いたが、小説はいずれも関連するテーマの評論とペアで関連付けられていた。

「論理国語」があるなら、論理作文の「書く国語」の科目があって然るべきである。

大抵の欧米諸国の作文教育は、「描写」「物語」「説明」「説得」の4種類の基本型に沿って、段落や文章構成、語彙や表現などを習得できるように体系化されている。

日本語の文章にも概ね、①「物語る」文章、②「説明する」文章、③「説得する」文章がある。日本の学校の作文教育では情報伝達力が育たない。説得力のある文章を書く力が育たない。

「書く国語」の科目と教科書が必要である。

☹騙されないための日本語教育

教科書や新聞記事レベルの文章を正確に理解できない中高生が多くなっている。それでは、フェイク・ニュースも見破れまい。

日常の言語生活に必要な言語教育を必要としているのは日本の若者だけではない。米国のトランプ大統領は、米国の小学6年生レベルの易しい英語で大衆を煽ってフェイク・ニュースを流し、演説の

70％は眉唾《まゆつば》物。野党に発言訂正を求められた安倍首相は、「訂正でんでんというご指摘は当たらない」と力んで切り返したが、「訂正でんでん」などという日本語は無い。いつも用意された官僚作文を棒読みしているから、自分の言葉で答弁すれば、ボロが出る。

日本の場合、国語教育に問題がある。国語教科書は妙に文学づいていて、日常言語の教育は行われず、文学作品を熟読味読する鑑賞中心で、心情読み取り主義だ。作文は文学作品を道徳読みした感想文。「…することが大切だと思った」とか「これからは…して行きたいと思う」などの道徳的言辞で結ばせることになる。

国語教育の目的は、道徳的正しい生き方を教えることでも文学者の養成でもなく、日常的に自国語を正確に明晰に、かつ論理的に使える国民を育てることではないか。

官庁役所などの悪文や迷文のどこが不明確かを読み解く訓練もしない。小難しい文学評論を読むより、理路整然とした論説文を読み書く訓練が必要だ。

議論のしかたを教える国語の授業もない。言語不明瞭で意味不明な主張には反論もできない。根拠が明確で理路整然とした意見を正確な日本語で表現してこそ、別の根拠に基づいて、反論もでき、議論は深まる。問題意識を共有しては世論が画一化する。

選挙演説や選挙公約を読み解けないようでは、「主権者教育」にならない。「人間とは言語能力を持った政治的存在である」（アリストテレス）。言葉の堕落は政治の堕落だ（ジョージ・オーウエル）。情念に訴えるポピュリストのレトリック言語はやがて綻《ほころ》びる。

（三）記述式問題と小論文の罠

●二〇二〇年度から「大学入学共通テスト」が始まる。「大学入学共通テスト」は記述式問題で一体、どういう「思考力・判断力・表現力」を試すのか。

現代はいい加減で雑多な情報に溢れ、フェイク・ニュースも流される。正確な情報を読み取る思考力と判断力が要《い》る。しかし、新テストは限定した情報を与え、受験生は思考の流れを規制され、既成の解答しか引き出せない。

大学入試は大学で学ぶのに必要な基礎学力を測るテストでなくてはならない。基礎学力とは結局、知識力。知識がなければ、的確な思考も判断も表現もできないから、記述式問題は基礎学力も測っていることにはなる。

共通テスト試行問題の「日本史B」の第5問も一九年度のセンター試験の「日本史B」第5問も、幕末から明治維新の転換期を問題にした選択問題。

試行問題は「幕末期の年表」を参考にして、江戸幕府の弱体化を決定づけた事件として「桜田門外の変」か「第二次長州征討」のどちらかを選び、その理由を四組の選択肢の中から選ぶ設問。「年表」と問3の設問文から読み解き判断すれば、正答は得られる。

二〇一九年一月のセンター試験も「政事総裁職」「廃藩置県」「蘭学」「徴兵令」などの歴史用語を正確に知らなくても、与えられた資料や設問文を読み解き考えれば、正解が出せる。

二〇二一年一月の大学入学共通テストの「日本史B」の第5問は、女性解放運動の先駆者の景山英子［のちの福田英子］に関する文章を読んで問に答える問題だが、問1は、大阪事件（一八八五年）と平民社についての基礎知識があれば、判断できる。

だから、どちらの選択問題でも思考力や判断力が問えないわけではない。しかし、判断材料は出題者が特定したものだ。

記述式問題でなければ表現力は測れまいが、その点数化は至難。日本語ほど表記が揺れている言語はない。送り仮名は揺れ、平仮名表記と漢字表記の兼ね合い、読点の有無や読点か中点かなど揺れに揺れている。例えば、「行う」か「行なう」か、「きのう」か「昨日」か、「唯一生き残ることが出来るのは変化出来る者である」か「唯一、生き残ることができる者は変化できる者である」か、「大阪・神戸・仙台など6市」か「大阪、神戸、仙台の6市」か。どちらも可にするだろうが。

採点を平準化するため、字数と文章構成要件を定め、資料文中の語句を用いた定型の作文をさせる。「国語」の試行問題第1問の問3は「（1）から（4）までの文構成条件を満たすように書け」と指定した。

完全正答率を見ると、字数も短い問1と問2は、それぞれ43・7％と73・5％だったが、条件を四つも示され80～120字で書く問3は0・7％だった。それに数字表記で問題が生じた。解答文中で「第12条」と「第13条」を「第12条」「第13条」と表記して1コマに書いたケースがあった。これを2コマと数えると字数を超えるので、1コマ扱いにしたという。

●課題文を読んで、自分の意見を200字で書く作文指導を「朝日新聞」の「EduA」が連載している。教育アドバイザーの清水明弘は『朝日』の「耕論」を読んで、自分の意見を記述する「２００字まとめ作文」を、国語科教諭の伊藤仁子《くにこ》は『朝日』投書欄「声」を読んで「投書で考えよう　伝わる！　２００字オピニオン」を連載した。

どちらの講座も概ね、「起承転結」を作文構成の基調にしているが、２００字程度では、「転」で話題の転換や展開をするのは無理だろう。

１０００字から２０００字程度の小論文でも、「起承転結」の形式は要らない。論題によって自由に段落を構成し、論を展開すればいい。

思考がコントロールされる小論文を課す大学が増えるだろう。小論文は採点がより難しいから、より多くの条件や制約を課し、思考のコントロールをさらに強める。受験生に要求される作文力とは限定された情報から文章を注文どおりに構成し既成の結論に至る作文力である。

小論文には「型」がある。「型」があるほうが受験生も採点者も楽である。出題者は「上位」に立ち、受験生は「下位」に立つから、受験生の思考は「型」を嵌《は》められ、出題者の意図を「忖度」して作文しなければならない。

世論調査にも政府の政策を肯定する回答を引き出すような質問の仕方をする［二〇二一年四月の外務省のミャンマー対応についての世論調査がその例」（同年五月一日付『朝日』）。

出題者側の都合に合わせて書く作文は、国会答弁する為政者の意向に従って、受験秀才だった官僚が巧妙に作文するのに似ている。新テストは、誰かの意向に沿った作文を得意な人材を選ぶのか。

記述式の新テストは思考を枠に嵌《は》め、柔軟な発想や思考を排除する。記述式問題は出題者の出題意図を付度した作文にならざるを得ない。

思考力と表現力は、大学の専門の論文レポート指導を通じて、自由な発想と独創性も育てればいい。大学入学共通テストを記述式にするのは、危険である。にもかかわらず、公立の中高一貫校などは入学者選抜に記述式問題を導入し、大学入学共通テストを「先取り」する（二〇一九年一一月）。

二〇二二年度から始まった共通テスト以降、記述式問題は見送られている。

✍「山びこ学校」の作文教育と課題解決型学習

山形県山元村中学校で無着成恭が実践した作文教育は、今風に言えば、生活を見つめさせる「課題解決型」の学習だった。「概念くだき」つまり、抽象的な言葉や社会通念を、日常の生活や歴史的体験の場に戻して具体的に考え直すことによって、理想型［こうあるべきだということ］と現実型［実際にこうあること］との間の矛盾に子供たちが気づく学習である。

社会科の教科書には「職業の自由選択の権利がある」と書いてあるが、山元村には職業を自由に選ぶことなどあり得ない。

毎日、2割ぐらい欠席があるが、ほとんどは家の仕事の手伝いで休む。「ほんとに、学校教育がすばらしくなるというのは、どんな貧乏人の子供でもその親たちにさっぱり気がねしないでくることができるようなときではないだろうか」。学校に行ける日、子供たちは元気になった。

「同じ人間で、同じくらいはたらいて、一方は一人で五人もの家族を養えるほどの収入があり、他の一方は一人だけでは間に合わなくて、家族全員を動員してさえも生活がいっぱいいっぱいの収入しか上げられないなんて、そんな馬鹿な話ないではないか」。

村の畑の反数を調べてみると、農民は自分の田畑を実際より少なく申告していたことが分かった。先生は「ぜったいごまかしがあってはならない」と言うが、父親は「ごまかしや、ヤミがなければ、今の世の中くらしてはゆけない」と言う。「いったい、何がわるいんだ」。結果、村の行政の実態を暴くことになった。無着の理想と村の現実がぶつかった。

山元中学校で3年間、無着の薫陶を受けた佐藤藤三郎は、山元村には「山びこ学校」に好感を持っている人は少ないと、のちに書いている。そして、「山びこ学校」に不足していたものに気づく。「端的にいえば、学校での教育のなかには理念や、精神の育成はあっても、生活のための実際の経済問題や現実の生活の糧になるものがないからである。たとえ試験の点がわるかろうとものごとの判断が正しくできればいいと教わっても、現実は進学するにも就職するにも試験の点を高く取らなければ、入学もできないし、会社への採用にもならない。そこでどうすればよいのか、といった具体的な方法を無着先生は示されなかったということである」。

思うに教育の社会的機能は二つある。社会に適応できる能力を身に付けさせることと社会を変革する力を育てることである。昔から日本の学校教育は前者に偏っていた。進学や就職の指導も前者である。

無着成恭の教育は後者を主眼とする。教育は現実に対する挑戦である。現実を見据えて問題意識を深め、いずれ社会の変革の一翼を担う人材を育てる。教え子の佐藤藤三郎が農業問題に取り組んでいるのも、それではないか。

師範学校出たての二一歳の無著が新任の挨拶をした―「先生なんて決して偉いものではない。君たちが社会に出て役に立つ人間になるための踏み台として利用するものだ」。その後の無着の教育活動を物語る圧倒的な演説だった。

昭和三一年、無着は山元村をあとにして上京し、明星学園小学校の教師になる。「いなかの先生が東京のお坊ちゃん学校で何ができるか」と言われたものである。

『続・山びこ学校』を読むと、生活記録ではなく、ほとんどは教科学習の感想文である。彼らの感想文は、授業の成果を確かめると同時に、学習を発展させ深化させている。論文集と言ったほうが良い。「概念くだき」の発展型である。無着成恭は「山びこ学校」を超えた。

無著の実践は結局、子供たちの生き方の探求を支援する教育活動で、未来への希望を秘めていた。

ブータン映画「山の教室」は、教育の原点を考えさせてくれる。

主人公のウゲンは嫌々ながら、僻地のルナナ村に赴任する。村の2キロ手前で村人たちが総出で出迎えてくれた。

それほど村は先生を必要とし教職という専門職を尊んでいたのだ。

しかし、村には電気もトイレもなく、教室には黒板もなく、子供たちにはノートする紙も鉛筆もなかった。

最初の授業で、ある男の子が先生になりたいと言う。「どうして」と問うと「先生は未来を教えてくれる」と答えた。ウゲンは暫らく村に留まることにした。

※参考文献
無着成恭編『山びこ学校』一九五〇年　岩波書店文庫版１９９５年
無着成恭編『続・山びこ学校』一九七〇年　黍書房
佐藤藤三郎『山びこ学校ものがたり　あの頃、こんな教育があった』二〇〇四年　清流出版

（四）英語帝国主義の罠

●日本は今、「英語帝国主義」に支配されている。幼児や小学生に英会話を教え、中高で話す英語教育をし、授業を英語で行なう大学が優れた大学とされ助成金で優遇され、社内の会話を英語で行なう企業は「グローバル企業」と呼ばれる。いずれ、日本の犬や鶏も英語で吠え啼くのか。

英語以外の教科も英語で教える「イマージョン教育」が拡がっている。イマージョン（immersion）は英語で「浸すこと」。ならば、カタカナ語ではなく「英語漬け教育」とでも言うがよい。

英語圏で暮らし現地の小学校に入れば、子どもは英語を流暢に話すようになる。日本の小学校の「英語の時間」だけ「英語漬け」にしても、そうはならない。日本での生活に英語は必要ないから、自覚的動機が弱いからだ。日本の義務教育の内容が多過ぎるのに、子どもの負担が、また増える。

●戦後、「カムカム英語」番組が登場した。「英会話」は敗戦によって生まれた大衆文化である。

当時の日本の庶民大衆は、「英会話」の「カムカム赤ちゃん」にされ、「英会話」の会話パタンを通じて英語のイデオロギーと文化を注入された。小学校英語での会話パタンの練習は英語文化でマイン

ド・コントロールすることだ。

英語を母語とする国民を「英語一等国民」、英語を公用語とする国民を「英語二等国民」と呼ぶならば、日本国民は、英語圏の「三等国民」になる。しかし、「百万人の英語」番組で百万人の日本人が、英語に堪能になって英会話がペラペラになったとしても、米国市民権を取って永住しなければ、「英語一等国民」のアメリカ国民にはなれない。であれば、日本は軍事的に経済的に、そして文化的にも米国の属国と化す。

一方で、出稼ぎ外国人労働者には英語力を問わず、日本語の4技能を求める。日本で働くのだから、日常生活に日本語は必須だが、かつて日本の植民地の住民に日本語を押し付け、二等日本国民にしたのと似ている。

日本語であれ英語であれ、ペラペラ喋れなくてもいい。不明な点があれば、「どういうこと?」、“What do you mean?”などと互いに聞き返し真意を確かめ合って意思疎通し合えばいい。

グローバル化社会でも国際共通語化した英語による発信や返信は英語ネイティブの標準英語がコミュニケーションの手段になる。しかし会話は英語ノン・ネイティブそれぞれのお国訛《なま》りの英語、一種の英語方言でなされていい。すると、コミュニケーションに齟齬《そご》が生じることがある。それでも、不明な点を、その場で聞き返し是正しながら、相互にコミュニケーションを正確にして行けばいい。相手の言うことが不明であれば、英語ネイティブと英語ノン・ネイティブ間であれ、インド式英語話者やモンゴル式英語話者と話す場合であれ、聞き返しながら、会話は進められる。

●政府文科省は二〇一九年一一月一日、二〇二〇年度からの英語民間試験の大学入学共通テストへの導入見送りを決定した。格差是正を図るべき教育行政のトップである萩生田文科相が同年一〇月二四日、「自分の身の丈に合わせて頑張ってもらえば」と、その格差を容認する発言してしまっていたからだ。今度は格差是正に自信が持てぬと民間試験を先送りしたわけである。しかも、今後、民間試験を活用しないのではなく、二〇二四年度までに「抜本見直し」を図るという。

英語民間試験の導入についての「朝日新聞」と「河合塾」の共同調査では、大学の65％、高校の89％が「問題ある」と答えていた。

しかし、現場の英語教員や英語教育の組織団体は反対の声を上げなかった。「あんた方、英語が話せないからだろう！」と言われては一溜まりもないからだ。英語の「聞く・話す」能力に優れていれば通訳業に、英語の「読み・書き」能力と日本語の文章能力に優れていれば翻訳業に就いていたであろう。英語の「読む・聞く・話す・書く」4技能に優れた者はそもそも、英語教員などにはならない。

導入反対の理由として、家庭の経済力格差と地域格差がよく挙げられるが、私は受験生の生活体験格差も挙げたい。英語圏からの帰国子女は圧倒的に有利な立場にあり、格差を拡げる。

●鳥飼玖美子・苅谷夏子・苅谷剛彦『ことばの教育を問いなおす』（二〇一九年）は言う――「『話す』ことというのは、話している相手、状況などのコンテクストによって変わりますし、ましてや外国語でのやりとりとなれば、文化的な差異も大きく影響します。『話す力』を判断するのは一般的に考えられる以上に難しいのです。それを何とか測ろうというわけですが、『話す力』の何を測定するのか、採点基準は明らかになっていません。文法の正確性を測るのか、発音の良し悪しをみるのか、ともかくよどみなくしゃべれば良いのか、採点基準によってスコアは違ってきます。採点者によって評価がばらつくことも不安材料です。」（203頁〜204頁）［以下の断り書きなしの、引用符付き引用はこの著に拠る］。

それに入学試験合格が教育の目的ではない。体育学部学科や芸術学部学科などは、入学後に実技能力が必要とされるから入試で実技試験を課す。入学後に「話す力」が必要とされる学部学科が「話す力」を試す実技試験を課せばいい。

学習指導要領には、「英語の授業は英語で行うことが基本」とある。「基本」なのだから、生徒の聞き取り能力に応じて日本語を交えてもいいわけである。一律に全て英語で授業を行なえば、英語嫌いの生徒を増やす。

二〇二〇年度から始めた小学五、六年生に対する英語教育は英語嫌いを増やし、中学一年の時点で英語の授業について行けない生徒を増やしたことが文科省の調査で分かった。

●日常会話はお国訛りの破格的《ブロークン》な英語で通じ合えるとしても、専門分野での高度な内容の会話になると、基礎的な文法や語法を知らなくては不可能だ。

日本人が英語圏に住んで毎日英語を使っている状況で英語を学ぶのは「第二言語としての英語（ESL）」、普段は英語とは無関係に生きていて学校などで英語を勉強するのは「外国語としての英語（EFL）」。日本在住の小中学生は後者として英語を学ぶ。英語圏で暮せば「基本的対人コミュニケーション」つまり日常会話はできる。しかし、学校での勉強に支障ない「学習言語力」を習得するには8年前後かかるとされている（50頁）。しかも、「外国語では、母語以上に深い思考はできない」（137頁）。外国語の能力は母語の能力を上回ることはない。

公的で正式なコミュニケーションは文書で行われるから、国際社会では英語の正確な読み書き能力が必要である。学校での言語教育は読み書きが基本である。文法や語法の基礎をマスターしていれば、会話はブロークンであれ、必要に応じて身に着くはずだ。「ＴＯＥＩＣは日本を三流国にする」（猪浦道夫『ＴＯＥＩＣ亡国論』二〇一八年）。会話力重視の日本の英語教育は英語圏の「三等国民」を育てる。

✍小池語の綻《ほころ》び―言葉の堕落は政治の堕落

衆院の選挙戦では巧みだが空疎な言葉が飛び交い、政治屋だけが大騒ぎし、投票率は53・68％。政治の堕落は言葉の堕落。

蓮舫元民進党代表のキツい言動に比べて、小池百合子都知事の物言いは緩《ユル》めで、受けが良かった。小池語を緩《ユル》メックにしているのは、文末表現とカタカナ語の多用。ユルメックは中身が不透明で、後日、言い繕える。

小池語は、文末を「…しているところでございます」などとマイルドに結び、結果がどうなるかをあいまいにする。

「希望の党」の党首になって、都民も国民も「セカンド」に後退して、「当選ファースト」。当選希望の候補者が駆け参じ、「復興ファースト」は消えた。そして、「全員を受け入れることはさらさらない」と文末を言い切ったところで、ポピュリズムの正体がほころ綻び出て、命取り。「寛容な保守」ではなかったし、日本を「リセット」できまい。

「排除」という発言を引き出した記者からフランスから帰国後に「排除」発言の責任を問われると言い繕うどころか、その問いを無視して「ハイ、次の質問は？」と逃げた。

新党の選挙公約には小賢しく「アウフヘーベン」した「12のゼロ」を並べ立てた。これは語呂合わせ。自民党との大異と言えば、「原発ゼロ」だが、即稼働停止ではない。「一定の条件を満たした原発の再稼働を容認しつつ、運転期間40年を迎えた老朽原発を廃止する」という公約だから、自民と大差はなかった。「ベーシックインカム」「ダイバーシティ社会」などと言われても、中身の分かる有権者は少ない。

カタカナ語を弄《もてあそ》んだ小池知事は「希望の党」共同代表を辞任し、「希望の党」も「都民ファーストの会」も分裂の危機に瀕している。日本を「リセット」できまい。

衆院選での敗北を受けて小池都知事は「希望の党」代表を辞任した。彼女はその都度、時勢を察知して「しがらみ」を捨て、幾つかの党派を渡り歩いてきた。今度は自ら創党した新党の「しがらみ」を捨てた。「しがらみ」のない知事として都政に専念するか。

創業者の小池知事自身が「希望の党」の公式ホームページから「排除」された。小池知事の動画をメインにしたトップページは、玉木雄一郎新代表の写真に変更され小池知事のメッセージも削除され、特別顧問としての小池知事を紹介する頁も消えた。

言葉遊びの小池語は綻び、流行《はや》り止んだ。小池旋風は党派を分裂させて止んだ。言葉遊びで政治を語っては政治が堕落する。

小泉進次郎・環境相は２０１９年22日、ニューヨークで開かれた「国連気候行動サミット」後の主に英語で進んだ記者会見中に「気候変動のような大規模な問題に取り組む際には、それがきっと楽しくクールでセクシーでしょう」と英語で語った。「ｓｅｘｙ」は「とてもわくわくする」「非常に魅惑的だ」という意味で俗語的に使うこともあるが、公的な場で避けるべき言葉だ。

小泉環境相は、気候変動に取り組むことのどこがセクシーなのか、どうセクシーに取り組むのかを具体的に説明しなかった。若者向けの「言葉遊び」で、小池都知事同様にポピュリストの顔が透けて見える。

言語エリートを自認する輩《やから》は英語や英語のカタカナ語を使って、真意を暈して新らしさを出そうとする。真意を暈す言葉で政治を語っては、政治が堕落する。

第7講

体制翼賛プロパガンダ

（一）メディアミックスの罠《わな》

◎メディアミックス

「メディアミックス（Media Mix）」とは、宣伝効果を高めるために出版や放送や音楽などの複数の媒体《メディア》（media）を組み合わせて行なう宣伝戦略を意味する和製英語である。

本論では各種のメディアを通じて発言する識者や専門家を広く「メディア知識人」と呼び、これに「お上」お抱えの専門家も含める。「お抱え」の有識者は「曲学阿世の腐儒」（田中耕太郎）でソフィストかデマゴーグ。政治的に歪めた言語コミュニケーションを駆使して世論の体制翼賛化を謀《はか》る。

メディアは複合して連動し、体制と一体化を図る。記者会見は「お上」が土俵を設定し、一問一答。メディア人は「お上」に擦り寄りネタをもらう。

仮に無色透明で余計な含意を含まない名詞と動詞を選んで、報告文やルポなどのノンフィクション文を書いたにしても、その言い回しや論述には一定の意図や主張が入り込む。特に政官人は言語を操作し欺瞞の論展開をする。政官人だけでなく、巧みに政治言語を操るジャーナリストやメディア知識人が増えている。

権力は「不要不急」のイベントや文化活動を抑える一方で、文化を政治的に利用する。安倍晋三首相は二〇二〇年四月、新型コロナウイルスの感染が拡大する中で、「うちで踊ろう」という音楽を聴きながら、自宅で犬を抱いて寛ぐ動画を投稿した。私はこれを「アベノメディアミックス」と呼びたい。

戦時下で「翼賛一家」という漫画が一世を風靡した。昭和一五年末から「大政翼賛会」が主導して「翼賛一家」に登場するキャラクターを造型し、多くの新聞雑誌に連載され、単行本も幾つか出版された。それだけでなくレコード化、ラジオドラマ化、小説化され、国策高揚のメディアミックスとなった。手塚治虫も昭和一九年、「翼賛一家」のキャラクターを用いた「桃太郎」という絵本を書いて漫画家デビューをし、結果的に国策プロパガンダに加担した（大塚英志『大政翼賛会のメディアミックス』二〇一八年）。

戦時下には、書籍と映画と音楽を連動させるメディアミックスはルーティン化していた。第13回芥川賞受賞作の映画化（「上海の月」）に合わせて、西條《さいじょう》八十《やそ》が作詞し、ヒロイン役の山田五十鈴《いすず》の歌（「牡丹《ぼたん》の曲」）がリリースされた。

◎「角川商法」のメディアミックス

●一九七〇年代半ばに角川春樹率いる「角川書店」がメディアミックスを仕掛けた。角川氏は、映画を小説化し、映画化作品の原作を文庫化し、ベストセラー作品を早期文庫化して、角川文庫をエンタテインメント路線に変えた。彼は出版を文化事業とは考えない――「売れない著者は著者ではない、文化は後からついてくる」（『わが闘争』二〇〇五年153頁）。角川氏は、文庫本を読み捨てエンタテインメントにした。彼はメディアミックスする「文化工作」者である。

角川氏は、古典的教養を学ぶための知の宝庫であった日本の文庫本の形態を変え、映画・小説・サウンドトラックの「三位一体」の「角川商法」を誕生させた。

角川氏の自社作品をヒットさせる常套手段は、自社出版の単行本を映画化し、公開するまでにテレビや新聞で大々的な宣伝キャンペーンを展開し、同時にその原作もベスト・セラーにする、というものだ。映画界では、映画の衰退はテレビのせいだとテレビは敵視されていたが、角川氏はテレビで映画のコマーシャルを始めた。「読んでから観るか、観てから読むか」のコピーも角川氏が創った。

エリック・シーガルが脚本を書いた『Ｌｏｖｅ　Ｓｔｏｒｙ』［邦題は『ある愛の詩《うた》』］が一九七〇年、映画化され、大ヒット。角川氏は一九七一年、それを文庫本にして邦訳出版した。

角川氏は、横溝正史の探偵小説『犬神家の一族』（一九五〇年）を原作に市川崑監督で角川映画の第一作目を、一九七六年に劇場公開した。公開後、『犬神家の一族』は角川文庫本で２４０万部余りが売れた。次に同様に『八つ墓村』もヒット。続いて一九七七年、森村誠一の小説『人間の証明』もヒットした。

平成一五年六月、有事関連3法が成立し、翌年二月、陸上自衛隊本隊がイラクに派遣される頃から、角川氏は「読んでから観るか、見てから読むか」というキャッチコピーを打ち出し、メディアミックス戦略を仕上げ、『戦国自衛隊』を劇場公開した。

しかし、年を経て、制作費が嵩《かさ》んで映画が失敗し、「角川商法」は輝きを失う。角川事務所はチンギス・ハーン映画で躓《つまず》いた。

モンゴルの文化も社会も知らぬ日本人が、資金力に物を言わせ、道楽が嵩《こう》じて映画を作ると、どれも駄作に終わる。

●二〇〇六年六月四日、日本・モンゴル合作映画『蒼き狼　地果て海尽きるまで』（„Бөртэ чоно газар тэнгэрийн хязгаараар хүртэл”）が、ウランバートルの東約70㎞の小高い丘に囲まれたロケ地でクランク・インした。しかし、この映画制作には当初から擦《す》った揉《も》んだがあった。

二〇〇一年、当時の駐日モンゴル大使が、二〇〇六年のモンゴル建国八百年に向けて日モ合作の記念映画を作らないかと、東京都内で出版社を経営し「世界子ども基金」の活動もしている難波多津子さんに持ちかけた。井上靖の『蒼き狼』を原作に映画を作ることになり、翌年、『蒼き狼』制作準備委員会が発足し、難波さんが事務局長に就任した。

当初、日モで予定していた総制作費は10億円、俳優は日モ両方から、監督にはモンゴル人のニャムガワー氏を起用することで合意していたが、資金調達が思うようにならなかった。そこで角川春樹氏に相談。事務局はモンゴル人の俳優やスタッフも起用、モンゴル政府とモンゴル国軍の協力を条件に、制作権を角川事務所に譲渡した。難波事務局長はモンゴル政府からモンゴル国軍5千人とエキストラ2万人の無償提供を取り付けた。

しかし、制作準備中に、モンゴル人俳優が一人も起用されていないことが判明したが、角川氏は、「これは私の映画だ」と言い、原作として自社で出版した森村誠一のチンギス・ハーン小説『地果て海尽きるまで』を使い、『蒼き狼 - 地果て海尽きるまで』と商標登録申請してしまった（二〇〇六年八月一〇日付『週刊新潮』）。

チンギス役に予定されていた功労俳優のD．ソソルバラム氏などは、自毛を3年間も手入れせずに準備していた（二〇〇七年一月二三日付「ウドリーン・ソニン」紙）という。二〇〇六年八月にはウランバートルの国会議事堂前で抗議デモがあり、参加者は「モンゴルの国民よ、角川の映画撮影に協力しないで」「モンゴル人をバカにするな」などのプラカードを掲げていた。二〇〇七年八月、制作準備委員会も角川事務所を相手取り、1億5千万円の損害賠償請求を東京地裁に提訴した。これに対し角川事務所は「わずか四か月でクランク・インできたのは我々がプロだからだ。制作権を盗用したとは名誉棄損だ」と逆提訴した（二〇〇七年八月二〇日付の日本語紙『モンゴル通信』）。

監督は澤井信一郎氏。チンギス役には日本の俳優の反町隆史が起用され、モンゴル側からは3名の俳優が脇役、一〇数名が端役や子役で出演した。上映時間2時間15分。二〇〇六年九月中旬、撮影隊は全ロケを撤収した。モンゴル側は6億8900万トゥグルグ、日本側は4千万ドルを費やした。

二〇〇七年一月二〇日、ウランバートル市内のテンギス劇場でワールドプレミアが開かれた。開催前の記者会見で角川春樹プロデューサーは語った——「歴史上の人物の映画を、その国でない国の人間が作るとなれば、そのことに対して自国の人が違和感を持つだろうとは思います。ただ、『蒼き狼地果て海尽きるまで』は、多くのモンゴルの方に受け入れられるような人間ドラマにしたということはお約束できます。私はできる限り誠実にチンギス・ハーン像を描いたと思っております」。そして舞台に立った角川氏は、「私はこの映画を、作ったというよりも、チンギス・ハーンの霊に導かれて作らされたという感覚をもっています。精一杯誠意を込めて作りました。楽しんでいただければ嬉しく思います」と挨拶（『キネマ旬報』二〇〇七年三月上旬号）。だが、日モの観客の反応は手厳しかった。

二〇〇七年三月三日、日本とモンゴルで同時公開された。テンギス映画館では、初日は満員だったが、次第に尻すぼみ。良くて200人程度で客席の半分の入り、30人ほどの日もあった。1日5回上映、十日目で1万人弱の集客。日本では「日本映画史上最大級のスケールでつづった壮大な一大叙事詩」と大々的に宣伝したが、モンゴルの映画館には、チラシやポスターなどの宣伝材料は一切送って寄こさなかった。『モンゴル通信』が土日に行なった「出口調査」や「ウドリィン・ソニン」紙（二〇〇七年一月二三日）と「ウヌードル」紙（同年三月六日）の批評から、日モの観客の感想を以下にまとめる。

母親ホエルン役の若林麻由美は好演したが、「ツァツァル（цацал）」の扱いが如何にもぎこちなかった［「ツァツァル」は、地神に初物を捧げる際に乳などの飲物を撒くための9つの穴のある器］。チンギス役の反町は弱々しく、深慮遠謀のチンギスのイメージに合わない。ハーンは自ら激情に奔って、盟友（анд）の首を折ったり、宿敵を槍で何度も刺したりすることはない。モンゴルの男は人前で泣かない。

一方、日本人観客は「モンゴルに舞台を借りた日本映画のメロドラマ。ストーリーの流れがバラバラ。恥ずかしくて世界に出せない」「なぜ、地の果て、海尽きるまで世界制覇を目指したのか、この映画では分からない」「モンゴルらしい景色が生かし切れていない。これでは北海道でも撮れる。4カ月の撮影は拙速。外国に出せば、日本映画のレベルの低さを売ることになる」「男は戦いが好きというのを見せただけの駄作。お金の使い方だけが最大級」「論評に値しない駄作」と悪評が続く。放送作家の永六輔氏も「大愚作です。観て疲れた」と『モンゴル通信』編集部に感想を寄せた。

悪評は原作の所為《せい》でもある。原作でもチンギスは、自分は父イェスゲイ・バートルの実子なのか、長子ジョチは自分の子かと「出生の秘密」に苦悩するが、略奪婚が珍しくなかった当時の考え方にも現代モンゴル人の感性にも全くマッチしない。

角川氏は「モンゴルの大臣や高官が激賞してくれて、涙が出そうになった」と語ったが、大金を出してくれた賓客を称賛するのは国際外交の常。一人合点して感激するのは迂闊《うかつ》。その後、テレビでの再放映の話も聞かない。
●78歳になった角川氏が、映画『みをつくし料理帖』を制作した。高田郁原作の、この映画は、メガホンを取って自ら制作した映画の8作目。二〇二〇年一〇月一六日、公開になった。果たして「読んでから観たか、観てから読んだか」。

◎**NHKドラマも「アベノミックス」**

二〇一五年放映の『花燃ゆ』の主人公の文《ふみ》は安倍首相が「尊敬する」と公言している吉田松陰の妹。しかも史実では桂小五郎（のちの木戸孝允）が果たしたことになっている偉業を、主人公の夫の小田村伊之助［のちに楫取素彦《かとりもとひこ》と改名］が果たしたことにしてある。

安倍政権の翼賛団体「日本会議」の副会長の小田村四郎は、小田村伊之助の曾孫《ひまご》に当たる。台詞とナレーションに国家主義的言動の多かった『花燃ゆ』の平均視聴率は12％で、二〇一二年の『平清盛』と並んで「歴代ワーストタイ記録」に終わった。

二〇一八年の『西郷どん』は薩長史観の国策ドラマだった。戊辰戦争に敗れて以来、東北6県は「白河以北一山百文」と蔑まれた。戊辰戦争の理不尽と悲惨が全く描かれていない。戊辰戦争は、薩長軍が仕掛けた、する必要のない戦争だった。

林真理子の原作は、西郷が庄内藩に示した温情だけには触れている。しかし、西郷の寛大な処分は、庄内藩が巨額の献金をした結果である。

庄内藩は連戦連勝だった。薩長政府は最初、会津一二万石移封を決めたが、庄内藩士たちが嘆願書を数百回、薩長政府要人に提出し、撤回させ、磐城平藩移封になった。豪商本間家を中心に領内から三〇万両の献金を集めて差し出すと、薩長政府は軟化。最終的に七〇万両を献金することで、明治二年七月、庄内復帰が認められた。

原作もドラマも「薩長史観」に立ち、政府が進める「明治礼賛」を後押ししていた。ドラマの中にも「賊軍」という言葉が登場した。そもそも「尊皇」だった「賊軍」の子孫たちは、納得が行かない。『西郷どん』は薩摩弁「チェスト」を全国的に普及させた。「戦場では捨て身で行け」という意味だが、奥羽越の人々には迷惑だった。「賊軍」の子孫たちは自分たちの方言に誇りが持てない。

二〇一九年の『いだてん』は、「東京五輪」を高揚し、アスリート礼賛、運動部活動推進の政権翼賛ドラマである。二〇二二年の朝ドラは、小学校英語導入の文教政策のプロパガンダである。

✍東宝映画『ONODA』（二〇二一年）の不可解

この映画の解説には事実誤認があり、やたら小難しい分《わ》けの分からない批評が多い。

小野田は実際にも映画の中でも終戦を知っていた。なのにジャーナリストの田原総一朗までが「敗戦を知らずに、30年間秘密戦の任務を遂行した小野田寛郎の頑張りを、虚しいと批判することもできるが、日本人の大部分は、私も含めて、日本人の徳性として高く評価している」と評した。

小野田は「終戦」を知っていたが、「敗戦」と認めなかっただけである。人間は自分の望むことしか信じないからである。

解説はアルチュール・アラリ監督が関連文献を読み漁って脚本を書いたと言う。ならば、キャストは日本語で演じたのだから、日本語で脚本を書いたことになる。しかし、アラリ監督は日本語が分からない。先ず翻訳家で監督補の澁谷悠か「東宝」の制作スタッフが日本語で脚本を書き、澁谷がフランス語に翻訳し、それをアラリ監督が手直しし、そのフランス語の脚本を澁谷が再び日本語の脚本にし、アラリ監督が澁谷の通訳で演技指導し、日本人俳優が日本語で演じた、というのが真相であろう。日本と仏独伊ベルギーの国際合作映画だと言うが、フィリピン人の俳優とエキストラ以外は全て日本人俳優である。「フランス新鋭」らしいアラリを監督に据えて国際合作映画に仕立て、「第三者の視点」を強調するが、実際は日本の東宝映画。アラリ監督は中年期を演じた津田寛治らに「台本以外はいっさい読まないでくれ」と言ったという。

田原総一朗が高く評価する「日本人の徳性」とは、愛国心を「お上」への忠誠心と誤解して上官や上司の命令に盲従し「忖度」することではないか。

「東宝」は、これまで何度も、この種の「日本人の徳性」を賛美する映画を制作してきた。例えば、一九八〇年の『二百三高地』や一九八一年の『連合艦隊』。どれも豪華キャストで、前者はさだまさしが「防人の詩《うた》」、後者は谷村新司が「群青」を主題歌として歌っている。

アラリ監督は後半の小野田の孤独な密林引き籠りにコロナ禍中の閉じ籠り生活を重ね合わせたらし

いが、閉じ籠り生活を描くならば、むしろグアム島から帰還した横井庄一元伍長をモデルにすべきだった。横井は「生きて虜囚の辱め」を受けまいと密林に怯《おび》えながら潜伏し、「恥ずかしながら」生きて帰って来たのだから。

小野田は投降できなかったのは死刑になることを怖れたからである。小野田らは、島民を「ドンコウ」と蔑み、島民ら30余名を殺し100人余を傷つけ、1000人余の財産を壊し収穫期に作物を奪った後で火をつけるという匪賊同然の暴虐非道を平気で行なった（ゴーストライターの津田信）。

小野田は陸軍中野学校二股分校で上官の谷口義美少佐から「玉砕」を禁じられ、残置秘密戦を命じられていたので谷口から「任務解除・帰国命令」を引き出し、投降の名目を得た。徒歩で移動中に小野田を憎む住民たちに襲撃される怖れがあった（手記42頁）が、映画はそんな気配を感じさせない。小野田は大勢の島民たちに見送られる形でヘリに乗り込み、彼が棲み処《か》にした密林を大写しにして映画は終わる。

白々しい投降式で、マルコス大統領は小野田の犯罪行為に恩赦を与えた。日本政府は反日世論が高まるのを怖れてフィリピン側に3億円の見舞金を支払い、政治的決着を付けた。小野田は一九七四（昭和四九）年三月一二日、特別機で無事に帰還を果たした。

小野田の「頑張り」は帰国後にその本領を発揮する。帰国の際、「天皇陛下万歳」と叫んだが、昭和天皇との謁見は、万が一、天皇が謝罪しては困るので、謁見は中止になった。

この東宝映画は触れないが、小野田は「日本会議」に属し、世論の戦前回帰に一役買った。小野田は「日本を守る国民会議」や「日本会議」の代表委員を歴任、妻の町枝は、安西愛子の後任として

「日本会議」の女性組織である「日本女性の会」の会長を務めた。従軍慰安婦については、日本軍の責任の否定に一役買った。

小野田は日本政府からの見舞金100万円をいったん断ったものの、結局受け取り、他からの義援金と合わせて全部を靖国神社に寄付した。

東京都中央区在住だったが、一九七五年からブラジルに移住し牧場を経営したのは、フィリピン人の復讐を怖れての逃避行だったとも言われている。ブラジルの「ONODA牧場」では毒蛇や牛泥棒、武装した強盗に襲われる危険があって、小野田は4挺の銃を所有し、射撃訓練もしていた（手記20頁）。やはりフィリピン人の報復も警戒していたのではないか。

サバイバル塾「小野田自然塾」を主宰したのは右翼視されないための目眩《めくら》ましと思われる。

新聞の社説や投書の多くは、小野田を戦争の犠牲者と位置づけ、小野田の任務への忠実さを称賛するものが多かった。小野田の特別番組は45％以上の高視聴率を誇った。

一九七四年に出版した手記『わがルバング島の30年戦争』は60万部売れ、小野田は6千万円、手にした。

しかし、その手記のゴーストライターの津田信は一九七七年に『幻想の英雄―小野田少尉との三カ月』を出版。小野田の島民30余人殺傷は正当化できない殺人であり、小野田に残置任務など与えられていなかったと告発している。津田信は作家として「嘘を書いた」のは痛恨の極みだったと告白している。

以上の私の小野田に対する否定的評価の多くは、津田信のこの小野田弾劾の書に拠る。

アラリ監督は小野田の中年期を演じた津田寛治に「台本以外はいっさい読まないでくれ」と指示したが、最も読んでほしくない本が、この津田信の小野田告発の書だったに違いない。

小野田は二〇一五年一月一六日、肺炎のため九一歳で死亡した。しかし、なぜ今、小野田の「頑張り」を映画にするのか。戦前回帰が臭う。

※小野田寛郎『わがルバング島の30年戦争』東京新聞出版一九七四年

※津田信『幻想の英雄－小野田少尉との三カ月』図書出版社一九七七年

※『キネマ旬報』二〇二一年一〇月下旬号

（二）戦前回帰の政治的言論集団「日本会議」

◎「日本会議」の暴挙

日本に今、日本を戦前に回帰させようとする政治団体が暗躍している。それが「日本《にっぽん》会議」。「日本会議」は、一九九七年五月三〇日、有力な右派団体として知られていた「日本を守る国民会議」と「日本を守る会」が合流して誕生し、神道界人に右派政財界人と右派言論人が加わった。ほぼ同時に「日本会議国会議員懇談会」が発足し、設立総会には115人の国会議員の参加があり、発足からわずか半月で入会者数はほぼ2倍の204人に達した。

「日本を守る」と言っても、何を守るのか。それは天皇を中心とする国家体制つまり天皇中心の「国体」を守ることであり、安倍晋三の言う「（戦前の）日本を取り戻す」ことである。

「日本会議」の公式ウェブサイトは「日本会議が目指すもの」として、以下の6項目を挙げている。

1　美しい伝統の国柄を明日の日本へ
2　新しい時代にふさわしい新憲法を
3　国の名誉と国民の命を守る政治を
4　日本の感性をはぐくむ教育の創造を
5　国の安全を高め世界への平和貢献を
6　共生共栄の心でむすぶ世界との友好を

安倍政権は支持母体「日本会議」のスローガンどおりの政治目標を掲げて、戦前の日本を取り戻し、「日本会議」の精神を社会通念化して日本国民の言葉と思考の画一化を目指す。

日系米国人ミキ・デザキ監督の映画『主戦場』（二〇一九年四月二〇日公開）は、従軍慰安婦論争を巡って「日本会議」系の右派言論人が次々と繰り出す愚論を、左派の専門家や言論人が次々と論破して行くのは痛快だった。

かように、ソフィストとデマゴーグが結集した「日本会議」の言論は破綻したが、今なお保守政権の隠然たる影響力を持つロビー団体となっている。加えて「統一教会」が政界に浸透し、国民を浸食していた。

◎「日本会議」の運動の軌跡

「日本会議」は発足以来、自民党政権を突き上げ、戦前回帰の反動政策を実施させてきたが、最終的に平和憲法の改正を目指している。二〇一四年一〇月一日、「日本会議」や「日本青年会議所」などが協賛する「美しい日本の憲法をつくる国民の会」が設立した。

朝日新聞社が二〇二二年五月三日の「憲法記念日」を前に実施した世論調査に拠ると、改憲の「必要がある」とした国民は56％。憲法第9条については「変えないほうがよい」が59％だが、「緊急事態」対応には国民の権利を一時制限するために「改憲が必要である」とした国民は59％。危険な事態になった。

憲法第9条を変えては、「角《つの》を矯めて牛を殺す」ことになる。

・大東亜戦争肯定と「東京裁判」否定と靖国神社

「歴史修正主義」の「日本会議」は、一五年戦争あるいはアジア太平洋戦争を「大東亜戦争」と呼んで肯定し、侵略戦争ではなく、日本の自存自衛とアジア諸国を解放して共存共栄を図る大義に基づく聖戦であったと認識し、「東京裁判」を否定する。戦没兵士を祀る靖国神社参拝を推奨する。

「日本会議」の論客とされている渡部昇一や小堀桂一郎らは「マッカーサー証言」を根拠に「大東亜戦争は侵略ではなかった」と主張した。

「マッカーサー証言」とはマッカーサー連合軍最高司令官が朝鮮戦争中の一九五一年五月三日、米国上院軍事外交合同委員会で行なった証言の中で「主としてセキュリティのためだった」と述べたことを指す。彼らはこの証言内容を、「マッカーサーは、日本の戦争は侵略ではなく自存自衛の戦争であった」と認めた、と解釈して喧伝した。

この発言は、朝鮮戦争に介入してきた中国に対する「海空の封鎖戦略」の実効性についての話しの中で、経済封鎖の効果の一例として持ち出したもの。日本が戦争を始めた動機は自存自衛であったとしても、開戦後、行き詰まった日本は資源を求めて東南アジア諸国を侵略し資源を奪い取った、と、その話しを続けている。

彼らは「主として（largely）」つまり「全てではない」という留保を一切無視した。「セキュリティ（security）」には「自存自衛」の意味は無い。英語に通じているはずの二人が意図的に曲解したのである。

戦勝国による「極東国際軍事裁判」の全ての判決が正しかったとは言わないが、戦後の日本政府は自ら戦争指導者を裁くことをしなかった。

「戦争の犠牲者」でもある戦没兵士を慰霊する感情は尊いが、彼らに犠牲を強いた戦争指導者まで祀るのは筋違いである。

小泉純一郎内閣の時代の二〇〇一年一二月、諮問機関として「追悼・平和祈念のための記念碑等施設の在り方を考える懇談会」が設置され、一年後に「無宗教の恒久的な国立追悼施設を建設すべき」との報告書を発表した。しかし、「日本会議」が、反対集会や国会請願運動を展開し、小泉内閣は二〇〇四年一月、国立の追悼施設の建設を断念した。

「日本会議」は、戦後の歴史教育はマルクス主義の影響を受けた「自虐史観」だと決め付け、「自由主義史観」を提唱した。二〇一五年四月の「朝日新聞社」の調査では、日本の現行の歴史教育を「自虐的」と思う人は「35％」で、「そうは思わない」は「47％」だった。

一九八五年夏、「日本を守る国民会議」が主導して、高校用の日本史教科書『新編日本史』を作り、文部省に検定申請したが、検定では約８００ヵ所に及ぶ修正・改善意見を付され、翌一九八六年に合格となった。しかし、それでも稚拙な誤記が多く、保守派の歴史研究者からもそれが指摘されるほどの代物《しろもの》だった。

藤岡信勝らは一九九六年一二月、「新しい歴史教科書をつくる会」を結成した。文科省は「広域採択制度」を悪用して、「新しい歴史教科書をつくる会」系の教科書の採用を「要請」している。それらの教科書は「南京虐殺」は「なかった」あるいは「虐殺された一般市民は少なかった」とし、「従軍慰安婦」は売春行為であったと記述している。

「新しい歴史教科書をつくる会」系の教科書が教科書界に侵入している。「日本会議」は「自由主義史観」と称するが、戦前戦中の国策を翼賛する史観である。

「過去を支配する者は、未来をも支配する（ジョージ・オーウェル）。「歴史の再解釈は、現状の再解釈を含蓄する。同じ単純化、同じ誤りを避けるためには、過去の思考の習慣からの自由が必要であろう」（加藤周一『夕陽妄語』一九九六年六月一九日）。

因みにソ連崩壊後の一九八九年一月末、ゴルバチョフ政権の進める「情報公開《グラスノスチ》」の一環として核物理学者のアンドレ・サハロフ、歴史家のロイ・メドヴェージェフ、詩人のエヴゲーニー・エフトゥシェンコらが「メモリアル（記憶）運動」を、モスクワで組織した。これまで検閲や矯正労働などによって抑圧され抹殺されてきた過去を掘り起こして、民衆の集団的記憶としての新しい歴史を書く運動である。

・「**建国記念日**」**と**「**元号法**」**と**「**国旗国歌法**」

一九八八年、戦前の紀元節を「建国記念日」として祝日化され、一九七九年には「元号法」が成立した。

「国旗国歌法」は一九九九年、制定された。主導した小渕内閣の野中広務・官房長官は「強制はしない」と言明したが、教育現場では「職務命令」で起立斉唱を強制され、違反した教職員は処分の憂き目に遭っている。

・「**教育基本法**」**改定**

二〇〇六年一二月、教育基本法改定が改定された。一九四七年に制定された「教育基本法」が除外した「愛国心の涵養」「伝統の尊重」「宗教的情操の涵養」の趣旨が取り入れられ、「伝統と文化を尊重し、それらをはぐくんできた我が国と郷土を愛する」という文言が書き込まれた。そして彼らは戦後体制の「元凶」である現憲法打破を最終目標として定めた。

しかし、「日本会議」は、「日本を守る」と叫びながら、米国追従外交を非難しない。文科省の進める英語教育改革は、米国中心のグローバル化を助長するものである。

(三) 体制翼賛教育プロパガンダ

教育には本来、体制に順応する能力と体制を変革する能力を育成する社会的役割がある。しかし、公教育は従来から体制順応に偏重している。

◎「教育基本法」改悪

●戦前戦中は明治憲法と「教育勅語」で民衆をマインド・コントロールした。戦後は中央教育審議会の一九六六（昭和四一）年に答申した「期待される人間像」が教育勅語的役割を担った。二〇〇六（平成一八）年には「教育基本法」が改定され、日本国憲法改正への道を拓《ひら》いた。

「期待される人間像」は日本国憲法の根本理念を前提に「教育基本法」に不足しているものを補完するために、「五条の御誓文」と「教育勅語」を参考に定めたという。

しかし、個人の尊厳には触れず、「個人の幸福も安全も国家によるところがきわめて多い」として、国家に対する忠誠を重視している。

新基本法は第2条に教育の目的として「公共の精神に基づき社会の発展に寄与する態度を養うこと」と「伝統と文化を尊重し、それらを育んできた我が国と郷土を養うこと」という条文を挿入し、個人の尊厳よりも公共の精神と愛国心を重視している。、

旧基本法第10条は教育行政について「教育は不当な支配に服することなく、国民全体に対し直接に

責任を負って行われるべきものである」とし、教育行政の目的は教育の「諸条件の整備確立」と規定していた。ところが新基本法では「国民に対し直接に責任を負って」という文言を削除し、「法律の定めるところにより」に変えられ、政治的な介入が容易になった。政治言語による条文の改竄である。体制翼賛は教育の現場から始まる。学校教育は「お上」を協賛し、教員は体制翼賛の尖兵となっている。

道徳教育は体制側の良識と社会通念を教え込み、小学校の国語教育までが道徳化している。「新しい歴史教科書をつくる会」系の教科書が教科書界に侵入している。「日本会議」は「自由主義史観」と称するが、戦前戦中の国策を翼賛する史観である。

◎国定化する教科書と教員

●政府文科省の教科書検定は、補助教材や学校図書にも及ぶ。文科省は二〇二二年一月、全ての公立学校の学校図書館に複数の新聞を入れるよう、通知した。小学校では2紙、中学校で3紙、高校で5紙読めるようにする。しかし、政府の「御用新聞」系の新聞だけが配紙される惧れがある。

特に社会科教科書に関しては、政治言語で肝腎な争点を薄めよう薄めようとしている。二〇一四年改定された文科省の検定基準は、地歴・公民については、閣議決定などで「政府の統一見解がある場合、これに基づいた記述をすると規定されている。

二〇二一年四月、閣議決定された答弁書には、「『従軍慰安婦』または『いわゆる従軍慰安婦』ではなく、単に『慰安婦』という用語を用いることが適切」、「朝鮮半島から移入した人々について『強制連行された』とひと括《くく》りに表現することは適切でない」などとある。

教科書は今、政府見解に基づく記述にするよう書き直しを迫られている。二〇二二年度から使われる高校教科書の検定では、戦後補償関連では「未解決の問題が多い」と書いたら、不適切で、「政府は解決済みとしているが、問題は多い」と改めると、合格になった。「強制的に連行され」は「徴用・動員」に修正させられた。

一流の教員なら「問題が多い」という検定教科書の記述を根拠に、教科書を超えて多様な見方をする「探求学習」を指導するだろう。

●教科書通りにしか教えない教員を養成して、教科書と教員の国定化を目指している。政府文科省の望む「理想の教師像」は、教科書どおりに教える二流の教員である。日本近現代史家の成田龍一は、「教科書の執筆者は脚本家。教師は演出家で、実際に解釈して演じる主人公は生徒です」と言う（二一年三月三〇日付『朝日』）。しかし、教師が脚本の教科書に沿わない演出指導をし、生徒がその通りに演じ「探求学習」でもしたら、その教師は偏向教育をしたとして、問題教員のレッテルを貼られるだろう。

二〇二一年度の公立小学校教員採用試験の倍率は2・6倍。倍率が3倍以下になると、教員の「質」は低下すると俗に言われる。二〇二二年には県によっては定員割れが起きた。

教員の「質」の低下とは教員自身の学力の低下ではない。政府文科省の望む「理想の教師像」に成りきり、自律性を失うことである。

「デモシカ」ではなく「ゼヒトモ」教師になろうとする教員の卵も居るには居るが、教科書どおりに教えそうにない教員の卵は採用試験で排除される。

教員も国定化した。「山びこ学校」で「探求学習」を実践した無着成恭のような教員は育つまい。

◎国旗国歌法の欺瞞

・「やはり、強制になるというものではないというのが望ましい」（平成天皇）

現在、五十歳の女性が小学2年生だった頃の話しである。祝日の度《たび》に、「家に日の丸を掲げていない人は手を挙げてなさい」と言われた。数カ月後、手を挙げる児童は自分とあと一人だけになってしまった。「日の丸」を掲げないのは「罪悪」と言われているように感じた。母はしぶしぶ「日の丸」を買ってくれたが、2回飾った切りで自宅の倉庫から消えた。行方を訊くと、母は「そんなの、学校が調べることがおかしいの！」と怒りを露《あら》わにした（二〇二二年五月一五日付『朝日』の「窓」欄）。

「国旗国歌法」は一九九九年の「長崎原爆の日」に成立した。条文はたったの2条で、第1条は「国旗は、日章旗とする」、第2条は「国歌は君が代とする」とある。たったこれだけの法律だから、この時の首相の小渕恵三も官房長官の野中広務も、「強制はしない」と答弁していた。国旗の掲揚も国歌の斉唱も義務付けてはいない。

法案提出の発端になったのは、卒業式目前の九九年二月の広島県立世羅高校の校長の自死であった。死の前夜、校長は広島県の教育次長の訪問を受けていた。広島県は当時、卒業式などで君が代を斉唱させない校長には処分するなどの強硬姿勢で臨んでいた。

国歌の強制は教育現場で急速に浸透した。二〇〇四年一〇月二九日付の『朝日』は秋の園遊会の記事を掲載した。東京都の教育委員を務める棋士の米長邦雄氏に天皇が「教育委員のお仕事、ご苦労様です」とお言葉をかけると、「日本中の学校で国旗を掲げ、国歌を斉唱させることが私の仕事でございます」と答えた。すると陛下は「やはり、強制になるというものではないのが望ましい」と述べた。恐縮した棋士は、「もうもちろんそう、本当に素晴らしいお言葉をいただき、ありがとうございました」と応じた。想定された応答ではなかった。

コメントを求められて小泉首相は、「ごく自然に受け止められたらいいんじゃないですか。私もそう思いますね。あまり政治的に取り上げない方がいいんじゃないんですか」と逃げた。民主党の岡田代表は「陛下も人間ですし、当然いろんなお考えをお持ちですから、何も言えないというのはおかしいと思う。一般論として申し上げるが、自由に自分の考えが伝えられるような方向に持っていくべきじゃないか」とコメントした。この二つのコメントは、現場の教員や生徒たちにも、自由に発言し「君が代」の斉唱を拒否する自由があることには言及しなかった。

もちろん、この発言は天皇の政治的行為ではない。象徴天皇の「ごく自然な」感想で、違憲ではない。違憲行為は「君が代」を政治的に利用している政治権力者たちのほうである。「君が代」の中で讃えられている当人の「大御心」は「強制は望ましくない」とおっしゃっているのに、臣下である者たちが、一律に強制する、この愚。

この棋士は「もう、もちろんそう」と答えたのだから、教育委員会の場でその旨《むね》を語り、都教委の通達の撤回と処分の取り消しに努めるべきだった。教育の現場では、この天皇発言を一つの梃子《てこ》に闘えるはずだったが、おそらくどこの職員室でも話題にもされなかったろう。

・「君が代」起立斉唱

学校は真善美を教え追究する所だ、と私は思う。教育現場では今、「君が代」の「君」を王者や君主、支配者や統治者ではなく、恋い慕う「我が君」と解釈させることによって、主権在民の日本の国歌として定着させられている。「君が代」を起立して歌わぬ教員を、「非国民だ」「アカだ」と呼ぶ生徒や父母たちもいる。

教職員は学校の式典で「君が代」の起立斉唱を求められ、拒否して懲戒処分されるケースがある。批判の根拠に憲法一九条の「思想・良心の自由」を持ち出して憲法違反とすることもできるが、長く教育現場にいた私には、憲法一四条第1項の「すべての国民は、法の下に平等であって、人種、信条、性別、社会的身分又は社会的関係において、差別されない」に抵触する、と反論するほうが、より具体的で実感的である。木村草太・首都大学東京准教授も指摘するように、「君が代」は起立斉唱して歌わないという個人の「信条」を理由に教職員が差別や嫌がらせを受ける「パワハラ」問題と捉えることができる（二〇一三年六月一一日付『朝日』夕刊）。

千葉県立高校のある校長は、「口をこじ開けて歌わせるのでないから、強制ではない」と強弁した。口をこじ開けないにしても、大阪府教委は府立3校に「口元監視」を指示した。つまり、「君が代」斉唱時に教頭と事務長が斉唱を目視確認するため、教職員の口を覗《のぞ》き込むのである。

一応、起立するが斉唱しない手もある。しかし、それでは抗議行動にはならない。文科省事務次官だった前川喜平氏は、「国歌を歌いたくない教師たちには、外形上職務命令に従う面従腹背」を勧めるが、学校管理職に「口元監視」されてはアウトだ。

式典に招いておいて、君が代斉唱時に起立も斉唱もしない父母たちまで、処分することはできない。しかし、起立も斉唱もしない父母たちは稀である。式典に来賓として招かれたPTA役員が、式典前に教頭から起立要請された例もある。それでも、この役員は起立も斉唱もしなかったのだが（二〇一三年七月二四日付『朝日』の「声」）。

東京都立の養護学校の教員が在職中の二〇〇六年、君が代斉唱時に起立も斉唱もしなかったとして、一カ月の停職処分を受けた。最高裁は二〇一三年七月一二日付の決定で都の上告を退け、起立斉唱を求めた職務命令は合憲としたものの、都に賠償を命じ、「君が代不起立訴訟」の判決が確定した。

それでも都教委は同年六月二七日、「実教出版」の「高校日本史A」と「高校日本史B」を「使用に適切でない」とする見解を都立高に通知していた。国旗掲揚、国歌斉唱に関して「一部の自治体で公務員への強制の動きがある」とした記述について、「国旗国歌の起立斉唱は、児童・生徒の模範となるべき教員の責務であるとする教育委員会の見解と異なる」とした。

神奈川県教育委員会も、国旗掲揚と国歌斉唱について実教出版の教科書が「一部自治体で強制の動きがある」と記載していることが県教委の方針と合わないとして、28校に再考を促していた。該当の全28校は、他社の教科書に変更した（二〇一三年八月六日）。

大阪府教委も大阪維新の会府議団の申し入れを受けて同類の意向を示していたが、府立高校154校のうち9校が「実教出版」の教科書を使用する意思を示した。府教委は八月三〇日、この8校に対して教科書の記述を補完するために補助教材を用いるよう条件を付けた。埼玉県教委も八月二二日、「実教出版」の教科書を採択する8校に対し、「指導資料集」を併用するよう条件を付けた。

文科省は二〇一四年に検定基準を変更し、「実教出版」は二〇一五年度の検定で、「国旗・国歌法」に関して「一部の自治体で公務員への強制の動きがある」とした脚注の一部を削除した（二〇一六年三月）。

・「要請」は「強制」

下村文科相は二〇一五年四月、国立大学に入学式や卒業式などで国旗を掲揚し国歌を斉唱するよう「要請」した。「要請」はいずれ必ず「強制」に変わる。安倍首相も同年四月、「正しく実施されるべきだ」と答弁した。下村文科相は同年六月の学長会議で「適切な判断」を口頭で「要請」した。

岐阜大学の森脇学長は一六年二月、これまで通り「君が代」を斉唱しない方針を明らかにした。これに対して馳《はせ》浩文科相は「日本人として、特に国立大学としてちょっと恥ずかしい」ことだとコメントした。民主国家が君主の長寿を祈願する「君が代」斉唱を一律に強制することこそ恥ずかしい。

そもそも「日の丸掲揚」「君が代斉唱」のどこが問題なのか。「日の丸」「君が代」が戦争や軍国主義を想起させるからではない。どこの国の国旗も国歌も大抵、戦争が絡んでいる。航空機や船舶などの「日の丸」は所属する国を明示するのだから、問題ではない。国際試合の表彰台で「君が代」を聴いたり、感極《かんきわ》まって「君が代」を口ずさみ独唱するのは問題ではない。国際慣行であり自然な感情だからだ。問題なのは、同一の場に拘束しておいて、「日の丸」を仰ぎ見、「君が代」を起立させて斉唱を強制することだ。教育の場では、愛国心の育成として強制されている。掲揚も斉唱もしない教員は懲戒処分される。歌いたくない「君が代」の斉唱を児童生徒に強要したら、面従腹背の国民を育てることになる。ここが問題なのだ。

二〇二〇年東京五輪・パラリンピック組織委員会の森喜朗会長は競技団体を集めた会合で、「公式行事では君が代を斉唱すること」などと盛り込んだ日本選手団の行動規範の徹底を要望した（二〇一六年七月八日）。事の発端は、七月三日に行われたリオデジャネイロ五輪日本選手団の壮行会の案内状には「国歌斉唱」とあったのに、壮行会の進行が「国歌斉唱」から「国歌独唱」に変わっていて、選手たちが戸惑《とまど》って「斉唱」にならなかったことに因《よ》る。

・なぜ「粛々」？

教委や学校管理職は卒業式などのセレモニーを「粛々《しゅくしゅく》」と挙行させたがる。政治家は「粛々」を好む（円満字二郎『政治家はなぜ「粛々」を好むか』二〇一一年）。彼らは教育者を辞めて、「政治家」になった。

かつて「粛々」には、「ある一群の人びとが歩調をそろえて静かに進む」（同書２０３頁）というイメージがあった。それが「ある組織なり集団が、秩序を保ってあることを遂行していく」（２０３頁）というイメージに変わった。そしてさらに「困難な状況の中でも仕事をきちんとやり続ける」（２０５頁）という意味が強くなった。だから、政治家は「粛々」を好む。年末恒例の「ユーキャン新語・流行語大賞」のノミネート50語に、二〇一五年は政治関連の言葉が半数近くも選ばれた。その一つが「粛々と」。

この擬態語を、米軍普天間飛行場の移設問題をめぐって菅官房長官が連発した。困難な状況の中でも仕事をきちんとやり遂げたい切望が含意されている。県内移設に反対の翁長・沖縄県知事から「上から目線」と批判されて以降、菅長官は、この言葉を使わなくなった。

「上から目線」の教育関係者は、「困難な状況の中」でも「君が代」を「きちんと」歌わせようと、「粛々と」を乱発する。入学式は入学を許可し、卒業式は卒業を認可するから、国家権力の許認可と同じだ。だから学校も、これらセレモニーを「粛々と」挙行したがる。

東京都教育委員会は二〇一〇年と一一年の都立高校卒業式で「君が代」斉唱時の不斉唱不起立で減給処分を受けた現職の教員二人を、一八年二月二二日、改めて戒告処分にした。

東京都の小池知事はダイバーシティ（多様性）という公約を掲げながら、小池知事は会見場の壇上に「日の丸」を設置し、登壇と退壇の度《たび》にお辞儀をする。

最高裁は二〇一八年七月一九日、「君が代不起立訴訟」の原告側に敗訴を言い渡した。

・理念のある国歌なら歌えるか？

「理念のある国歌を歌いたい」という「声」が高校教員からあった（一八年八月二七日付『朝日』）。「理念」と言えば、「君が代」にも「苔のむすまで」天皇の長寿を願うという「理念」はあるだろう。その理念に賛同する国民は歌えば良い。しかし、国民に一律に強制するのは憲法違反である。平成天皇も、「強制はいけない」と発言している。

大抵のスポーツ大会の開会式や閉会式で主催者側は冒頭で選手や観衆に対して「脱帽起立のうえ、国歌斉唱をお願いします」との放送を流す。教育現場の式典でも、一律に起立斉唱を求め、従わない教員は処分され、「アカ」呼ばわりされる。

強制は暴挙である。「内心の自由」を踏みにじり、憲法第9条の「思想・良心の自由」に違反し、憲法第14条第1項の「すべての国民は、法の下に平等であって、人種、信条、性別、社会的身分又は社会的関係において、差別されない」に抵触する。

すべての国民が同じ理念を持っているとは限らない。どんな理念で作られた歌詞であっても内容に異を唱えたり、曲が気に入らないという国民は居るだろう。

だから、すべての国民に国歌として一律に強制しないことが肝腎である。強制したら、面従腹背の国民を育てることになる。

卒業式ではマスクの脱着も「君が代」の起立斉唱も、「個人の判断」で宜しいのですね。永岡桂子文科大臣さま。

◎「教育勅語」復権の不可解

●清水幾太郎『戦後を疑う』（一九八〇年）は、「教育勅語」を取り上げずに、道徳を論じることはできないと言う。「教育勅語」の文章は二つの部分から成っていて、最初と最後の部分は「単なる額縁」で、第二の部分は「すべての時代のすべての社会に通じる一般的ルールを含む「肝腎の絵」である。額縁と一緒に絵そのものも全面的に否定してしまっては、日本では「如何なる道徳ももう成り立ちようがない」と、「肝腎の絵」の部分の復活を説いた。
しかし、「勅語」の核心は「一旦緩急アレバ義勇公《こう》ニ奉ジ、以テ天壌無窮ノ皇運ヲ扶翼スベシ」という徳目。国民を縛り、国民の基本的人権をないがしろにし、「公」への奉仕を説いている。

「教育勅語のどこがいけない」（二〇〇六年一〇月稲田朋美・国会議員）、「教育勅語自体が全く誤っているというのは私は違うと思う」（二〇一七年三月八日稲田朋美・防衛相）と言いながら、教育勅語のどこが「いけない」か「誤っている」かは言わない。

文科省は「教育勅語の中には、今日でも通用するような普遍的な内容も含まれ、適切な配慮のもとに活用していくことは差し支えない」と考えている。二〇一四年当時の下村博文・文科相は「至極まっとう。今でも十分通用する」と語り、松野博一・文科相は「憲法や教育基本法に反しないような配慮があれば教材として用いることは問題としない」（三月一四日）と言う。政府答弁書も、憲法や教育基本法などに反しない形で教育勅語を教材にすることを否定しない（三月三一日）。義家弘介・文科副大臣も教育勅語の朗読は「法に反しない限り問題ない」と答弁した（四月七日）。しかし、政府は教育勅語の「どこが違反で、どこが違反でないか」明言しない。憲法や教育基本法に反する箇所は省いて朗読するのか。「反しないような配慮」が必要なのはどの徳目なのかには触れない。適切かどうかの判断や不適切に使った場合の対応をするのは、都道府県などの自治体と所轄庁である（政府答弁書）。松野文科相は「教師に一定の裁量が認められるのは当然」と言うが、実際は今の教育現場の教員には何の裁量権もない。

教育勅語は負の歴史を学ぶ教材として使えるか。教育勅語に因る悲劇を授業で教えては、という「声」がある（二〇一七年四月一八日付『朝日』）。元小中学校教員からの投書だから、教育勅語復活派はこの意見に飛び付くだろう。しかし、教育勅語が招いた悲惨を授業で教えたら、その教員は、教育の「政治的中立」に違背したとして、「問題教員」のレッテルを貼られるしまうことぐらい、この元教員も分かっているだろうに。

「いけない」「誤っている」問題の箇所こそ、教育勅語の根幹部分。それは「一旦緩急アレバ義勇公《こう》ニ奉ジ、以テ天壌無窮ノ皇運ヲ扶翼スベシ」という徳目。勅語の核心は、「お上」に対する忠誠心。天皇を頂点とし、国民をその「臣民」と規定し、自民党の憲法改正案は天皇を国家元首としている。この天皇を家長とし盟主とする家族主義国家をアジアにまで拡大して「侵略」を「解放」と偽称したのが、「大東亜共栄圏」構想だった。

教育勅語復活は不可解。教育勅語の精神は「高い倫理観に世界中から尊敬される道義国家を目指すこと」（三月八日稲田防衛相）だと言うが、稲田氏の挙げている「高い倫理観」とは「親孝行し、兄弟仲良く、友を信じ合う」こと。どの国や社会でも推奨されていて「至極まっとう」、ごく当たり前の徳目である。何もわざわざ教育勅語を持ち出すまでもない。根幹部分を省いて当たり前の部分だけを取り上げげて、摘まみ食いさせるのは、問題の本質の隠蔽である。

●鴻池祥肇・元防災担当相は森友学園の園児たちの教育勅語の暗唱に感動し、安倍首相と昭恵夫人も森友学園の教育実践に共感していた。「新しい歴史教科書をつくる会」や「道徳教育をすすめる有識者の会」などに後押しされて「道徳」が小中学校で教科に格上げされ、「修身」の検定教科書が出そろった。

教員は検定教科書どおりに教えなくてはならず、児童生徒は検定教科書の説く規範や徳目を面従腹背であっても受け入れざるをえず、真の有徳者には育たない。彼らは建前と本音を使い分ける大人の処世術を幼くして学ぶ。教員はそういう児童生徒を高く成績評価せざるをえない。

教員は、また道徳家としての役割を担わされる。「道徳家としての教師」は、「両親、神、あるいは国家の代わりをする。彼は、学校の中だけでなく、社会全体の中で、何が正しいか、何が誤っているかについて、生徒を教化する。彼は生徒の一人一人に対して親のような立場に立ち、すべての生徒が確実に自分は他の生徒と同じ国家の子供だと感じるようにするのである。」（イヴァン・イリッチ（一九七〇）『脱学校の社会』小澤周三訳一九七七年六七頁）。

「よう、センセー」などと小馬鹿にされながら、社会教化までできない。「道徳教育が成功した例は世界史上、いまだにない」（『論語』研究者の加地伸行）。

●教育勅語は明治二三（一八九〇）年に発せられた。しかし、天皇の署名のあとに内閣総理大臣以下の国務大臣の責任を示す副署がない。これは異例の形式だった。

立憲政体は「君主ハ臣民ノ良心ノ自由ニ干渉セズ」（当時の法制局長官・井上毅《こわし》）が基本。国政事項に必要とされる大臣の副署をあえて付けない勅語を、「政事上の命令」ではなく、「社会上の君主」の「著作公告」であると苦心の説明が為された。

天皇の言葉に伴う責任を誰が負うのか。教育勅語を朗読させ、「道徳」の教材として活用させると言っても、一九四八年に失効になった教育勅語の責任を現憲法下で誰が引き受けるのか。

柴山昌彦文部科学相は就任早々、「教育勅語」について「道徳などに使うことができる分野は十分にある」「現代風に解釈され、あるいは道徳教育などに使うことができる分野というのは十分にある」と発言した（二〇一八年十月二日）。「教育勅語」の本質は滅私奉公である。柴山文科相は、「教育勅語」が戦後なぜ国会で失効されたかを知らない。これは教育現場で安倍首相の真意を忖度し先取り実践するのに似ている。

現行の憲法は、個性が考え方の違いを尊重し、どう生きるかを個人に委《ゆだ》ねているから、内心に立ち入って特定の価値観を強要し義務づける教育勅語や自民党の憲法草案は、これに抵触する。

一九四八年に失効になっても、教育現場では復活の声が密かに生きていた。これらの復古調の発言と風潮に後押しされて教育現場の復古派が元気づき、これに多くの教員が迎合することを、現場経験のある私はひどく怖れる。

心の内まで常に監視されているから、画一的な通念を盲従することに努め保身を図《はか》る社会が到来する。それは、ジョージ・オーウェルのディストピア小説『１９８４年』の世界の現出である。

◎戦前戦中に回帰する教育現場

「教育再生」と言っても、教育の何を「再生」させるのか。安倍首相の言う「教育再生」とは戦前戦中回帰の教育ではないか。

●「道徳」が教科になり、検定教科書もできた。文科省は教材として「教育勅語」を使用することを否定せず、その朗読も問題ないと言う。

文科省が道徳の教科書に「伝統文化の尊重や郷土愛などに関する点が足りない」と「物言い」を付けたため、教科書会社は文科省の意のある所を汲んで、つまり「忖度《そんたく》」して「パン屋」を「和菓子屋」に修正した。具を包むタイプのあんパンやクリームパンなどは日本独特のパンで、日本の伝統文化の表われではないか。

●中学校で「武道」が必修になっている。柔道、剣道、相撲、空手、少林寺拳法などの計8種目から選ぶが、生徒の多くは柔道を選ぶという。

福島県須賀川市の中学校で二〇〇三年、当時一年生の車谷侑子《ゆうこ》さんが柔道部の練習中、男子生徒に何度も投げられ意識不明になった。一命を取り留めたものの、目は開かず、話しかけてもほとんど反応がない、寝たきりの状態が続いた。二七歳になった侑子さんは二〇一八年九月一二日、急性気管支炎のため亡くなった。

スポーツに怪我は付きものだが、特に柔道は危険だ。ここ30年間で、中学で起きた柔道の死亡事故は40件余りある。柔道で重い事故が多いのは、頭を強く打つ危険があるからだ。

武道教育は「武道を通じて我が国固有の伝統と文化に一層触れる」ためだという。それなら何も武道を通じてでなくてもいいではないか。精神修養のため、と言うなら、柔道界にも角界にもスキャンダルは起きないではないか。体育系部活の扱《シゴ》キや根性論は体罰や「いじめ」などの弊害を生んだ。

その「武道」教科の種目に「銃剣道」が加わった。「銃剣道」は旧日本軍の戦闘訓練に使われていた「銃剣術」の流れをくむ。銃の形をした木製の「木銃」で喉や肩を突いて競う。剣道にも「突き技」があるが、危険なので小中学生には禁止されている。「銃剣道」の「突き技」はさらに危険度が高い。

護身術ではない。はじめから殺傷を目的とした武術だ。殺傷目的で「精神鍛錬」するのか。それを公教育の教科として教えるのか。二〇二一年度から実施される。

「組み体操」は危険性が指摘されながらも存続している。「組み体操」は戦地で崖や防壁などの高所に上《のぼ》る時の「人間梯子《はしご》（人梯《じんてい》）」のための兵式体操だった。そして戦中も戦後も、「組み体操」は運動会の集団体操の「華」、というのが社会通念になっている。しかし、怪我《ケガ》が多い。千葉県内の小中学校で二〇一七年度に実施された「組み体操」で、児童生徒の怪我が60校で計１４４件あった（一八年二月九日付『朝日』）。「組み体操」で、「教練」の成果としての「集団体操の美」を誇示する。

●「共謀罪」は、犯罪を行なわなくても、計画の段階で処罰できる法案だが、国民の理解が進んでいない（二〇一七年四月）。「共謀罪」は学校も襲う。すでにジョージ・オーウェルの『１９８４年』が現出しつつある教育現場に適用されたら、どうなるか。

戦前戦中に生活の実態を見つめさせる「生活綴方《つづりかた》」という作文教育が行われた。しかし、「階級意識を醸成する」とか「国体の変革を意図している」とされ、「治安維持法」違反で摘発された。今後、「主権者教育」の目的で生徒に作文を書かせたら、どうなるか。

「国旗国歌法」は、「内心の自由には立ち入らない」、「君が代」の斉唱は強制しないということで可決された。ところが、「国歌」だからと、一律に起立させて斉唱するよう強制されている。

まだ抗議行動を取れば取れる教員たちは、「君が代」斉唱時に着席のままで斉唱しないとかトイレ退席する行動を計画し、実行した教員たちも居た。しかし、この手の抗議行動をしかねない教員たちは駐車場係を宛《あて》がわれ、「君が代」斉唱時は式場を居ないように仕組まれた。

これらの抗議行動計画に「共謀罪」が適用されると、捜査機関は「騒乱」を「共謀」したと見なし、その種の「問題教員」たちは一網打尽にされる。

文科省は辞任した事務次官のその後の言動をも監視する。前川喜平・前文科省事務次官が一八年二月、授業の一環で名古屋市立の中学校で講演をした。文科省の教育課程課が市教委に前川氏を呼んだ経緯や講演の内容を問い合わせていた。電子メールを使っての質問は約30項目に及び、録音テープの提供まで求めていた。前川氏は加計学園の獣医学部新設問題で「行政が歪められた」と批判していた。前川氏を「道徳教育がおこなわれる学校に呼ぶことは「慎重な検討が必要だったのではないか」とも伝えたという。前川氏の人格を非難する意図を含む。

教育課程課長は、前川氏が国家公務員法違反で辞任したことを学校や市教委がどこまで十分に分かっていたかを確認しようとしたのだと言うが。

講演は「総合的な学習の時間」に行なわれ、講演内容は学習指導要領に沿うものだった。文科省が個別の学校の授業内容について調査するのは異例だ。自民党の複数の国会議員も文科省に講演の経緯などを照会していた。

戦前戦中回帰は真っ先に学校から始まり、教育統制はいっそう強まる。まさに『１９８４年』の監視社会が実現する。

◎「討論学習」の罠《わな》

文科省は中央教育審議会の答申を受けて、均一な一斉型の授業から主体的で対話的な学習に転換させ、「アクティブ・ラーニング」（ＡＬ）に切り替えた。ＡＬは、不評だった「総合学習」の延長線にある。「総合学習」もＡＬも、学習者の主体性を大事にする。しかし、学習者が特定の課題を追求しても、入試には、ほとんど役に立たない。入試は総合的な知識力を試すものだからだ。「総合学習」が学習者にも指導する教員側にも不評だった理由は、この理由に因《よ》る。表現力や思考力を試そうと、記述式問題や小論文を導入しても効果は期待できない。小論文は基礎知識が無ければ書けない。

すでに教育現場では討論授業が盛んである。特に「ディベート授業」に至っては、生徒本人の意見は別にして賛成派と反対派に別れてゲーム感覚で行なう。黒も白と言い包める話術を競い、ソフィストやデマゴーグを養成する授業になりかねない。

大阪大学の金水敏教授は、二〇一二年五月一九日の日本語学会の春季大会で、「熟議（deliberation）」を定義づけた。

金水教授に拠れば、ディベートは各自の意見を堅持して相手を打ち負かすのが目的だが、「熟議する力」とは「自分の意見も自分自身も変える可能性も秘めながら、文脈にそって他者の発話を理解し、それを基盤としながら自分自身の主張を組み立て、その場の目的に貢献するかたちで合意を形成していく能力」だと言う。だから、現行の「討議」は「熟議」にならない。

ディベート授業の最後に「なら、先生はどっち?」と生徒に問われ、政権党に反対する意見を漏らしでもすれば、その教員は教育の「政治的中立性」を問われて「問題教員」のレッテルを貼られかねない。

「主権者教育」の一環であれ、現実の生々しい政治課題をテーマにすることはない。「共謀罪」法案をめぐる審議にならない審議はすればするほど、法案の矛盾や欠点を露呈した。これを叩き台に討論授業をしたら、あるいは与党と野党とに分かれてディベート授業をしたら、どうなるか。こんなテーマで授業のできる教員は居まいが、そんな教員は「問題教員」のレッテルを貼《は》られるだろう。

学校の職員会議は戦後の民主教育の中で学校の最高決定機関とされてきたが、すでに上意下達の単なる伝達機関とされてしまった。以前も議論が深まったことは稀で、今の国会のように数で押し切られていた。議員も教員も、真面《まとも》な討論ができないのでは、生徒に真面な討論を指導できまい。学校は「民主主義のトレーニング場」(教育評論家の尾木直樹)には到底なれまい。

「道徳」の授業で先生の授業計画を乱しそうになった中学生の「先生の授業計画乱しちゃダメ?」という「声」(二〇一七年四月一五日付『朝日』)を読んだ。その「話し合い授業」は「信じる心が自分の未来を拓《ひら》く」という流れで進み、それがその先生の教案だったらしい。この生徒は「疑う心も必要だ」と思い、そう発言した。すると、その先生はその発言を無視した。「道徳」の授業に異論を唱えてはならないからだ。おそらくこの生徒に対する成績評価は低く、面従腹背であっても「信じる心」という徳目を受け入れる発言をした生徒が高く評価されるだろう。

「授業とは先生の思い通りになればなるほどいいものなのでしょうか」という中学生の問いかけに学校と教員は「そうです」と応えるしかない。授業は、届け出た教案どおりに進めなければ、教員はお咎《とが》めを受ける。

道徳教育はそもそも如何《いかが》わしい。「道徳」の授業というものは、道徳教科書が謳う結論にマインド・コントロールするのが良い授業だからである。

この疑問に現役の高校の教員が応《こた》えている──「自分の成長に役立てて欲しいと思います。それはクリティカル(批判的思考)の種かもしれません。それをあなたの長所にしていただきたいと思います」(同年五月三一日付『朝日』)。

しかし、私は言い返したい──「あなたは道徳教科書の内容に異を唱える生徒に高い評価点をあげられますか。あげたことがバレたら、あなたは問題教員のレッテルを貼られますよ」。

☹ソクラテスの「はぐらかし問答」

ソクラテスの「問答」は「対話学習」のお手本のように言われているが、とんでもない。クセノフォーンは『ソークラテースの思い出』の中で、以下のようなソクラテスとの問答を伝えている。

ソクラテスは、法の制約と同時に国民の同意を真の王政の必須条件として挙げ、法律に則らず国民の同意も得ず、支配者の意のままになされる統治を独裁政と呼んだ。クセノフォーンが「もし仮に法を守るはずのその王が法を破る行動を始め、善い進言を聞き入れず進言者を粛清したら、その王を退位させる権利が国民にあるのか」と問うた。すると、「身の安全を保てるか、それとも身を滅ぼすかね？」と逃げ腰になり、答えをはぐらかした。クセノフォーンが訊きたかったのは、善い進言を拒絶する支配者を排除する権利が国民にあるかどうかであった。ソクラテスの論法は次々に問いかけては相手の答えを否定して相手を追い詰めるが、相手の問いははぐらかして逃げる「否定的問答法」。自分の確答を明言しない。

ソクラテスの問答は、論点をはぐらかす問答法である。国会答弁で悪用されている。

◎次世代を洗脳する「自由主義史観」と「新しい歴史教科書」

●自国の加害の歴史ばかりを教えるのは自虐的であるとする政治的言論勢力が横行し、「自由主義史観」を掲げるデマゴーグたちが「新しい教科書」を発行している。政府文科省は、G．オーウェルの『１９８４年』の「真理省（The Ministry of Truth）」よろしく、次世代の日本国民を「自由主義史観」で洗脳しようとしている。

加害と被害は表裏一体。加害を語らないのは不公平だ。ところが日本の歴史教育では、過去を直視させまい、加害を教えさせまいとしている政治勢力が跋扈《ばっこ》している。

例えば、「南京事件」については犠牲者の人数をできるだけ少なく記述する。中国政府は三〇万人を公式見解とし、日本では数万から二〇万と見方が分かれる。しかし、事件自体は否定しようがない。人数は史実の重要部分ではあるが、歴史教育の本質ではない。

長崎県の離島の中学校でのこと。南京攻略戦中の「百人斬り競争」を、戦争になると人を殺すことが英雄視される例として、当時の新聞見出しを紹介したら、「はっきりしないことは教えるな」「自虐教育は反日だ」という匿名の抗議が殺到し、右翼団体も島にやって来た。

かつて日本が朝鮮半島の人たちから母語や名前、土地を「奪った」とするプリントを、大阪府の中学校の校長は「奪うという表現は短絡的だ」として回収した。

慰安婦問題については一九九三年、河野官房長官が様々な資料や証言を基に、慰安所の設置や慰安婦の管理などで幅広く軍の関与を認め、日本政府として「おわびと反省」を表明した。ところが、安倍晋三元首相（注）ら一部の政治家が、強制連行を示す資料が確認されない、人さらいのように慰安婦を連行する「狭義の強制性」はなかった、として、河野談話の見直しを求めた。多くの女性が心身の自由を侵害され、名誉と尊厳を踏みにじられたことは否定しようのない事実である。

（注）安倍元首相は二〇一二年九月二六日、自民党の新総裁に選ばれた。第四六回衆議院選挙（一二月一六日投開票）では自民党が第一党になり、再び安倍政権が発足した。

しかも日本政府は、旧日本軍の慰安婦問題が他国にも波及するのを怖れて、韓国で実施したような聞き取り調査を、東南アジア［フィリピン・インドネシア・マレーシア］では回避していた。当時、日本軍が占領した蒙疆地域には慰安所は無かったにしても、慰安婦のような扱いを受けたモンゴル人女性がかなり居たことは間違いない（拙書『脱南者が語るモンゴルの戦中戦後』二〇一五年２７６頁）。

●「自由主義史観」のデマゴーグらは、「現在の価値観で過去を見るな」と説く。ならば、公娼制度が存在した当時の価値観からすれば、「従軍慰安婦」などは悪いことでも何でもない。

叙述される歴史は、歴史家の生きている時代の価値観に基づいて書き換えられる。歴史的に見るとは、対象とする時代の価値観で見ることではなくて、その時代を生きた人々の眼には何がどのように映っていたのかを探ると同時に、何が見えていなかったかも知ることである。だから、「過去の価値観」を「その時代特有」のものとして認識することと、現在の価値観を基準に歴史を認識したりすることとは、何ら問題なく両立する。

安倍自民党は二〇一三年四月から「教科書法」（仮題）の制定を検討し、南京事件や慰安婦問題などを念頭に「学説未確定の事項は確定的な記述を避ける」方針で、「教科書法」の制定を検討している。

●教科書の「広域採択制度」により沖縄県八重山地区は石垣市・与那国町・竹富町の３市町で一つの「採択地区」になっている。ここの「採択地区協議会」は二〇一一年、「新しい歴史教科書をつくる会」系の中学公民教科書に育鵬社版を選んだ。しかし、竹富町は独自に東京書籍版を採択し、無償給付されないので民間からの寄付で東京書籍版を買って、無償配布していた。ところが文科省は、地方自治法にある「是正要求」（注）という規定に拠り、育鵬社版を使用するよう沖縄県に指示する方針を採った（二〇一三年九月三〇日）。文科省は何が何でも「新しい歴史教科書をつくる会」系の教科書を使わせたいのだが、教科書は、学校や市町村が教育方針に合わせて選ぶべきものだ。

沖縄県教育委員会は一三年一一月二〇日、六人の委員全員が「町の教育現場に大きな問題は生じていない」と判断、竹富町には是正要求を出さないことを確認した。一方、文科省は二〇一四年三月一四日になって、竹富町教育委員会に直接、「是正要求」を出した。政府が直接、「是正要求」を出すのは初めてで、極めて異例だ。

（注）「地方自治法」は、市町村に違法行為や不適正な事務処理があると認められる場合、都道府県などに「是正要求」をするよう国［政府］が指示できると規定している。文科省は「不適正な事務処理」と見なしているが、一方、竹富町教委も「手続きがおかしい」と東京書籍版を採択した。政府による是正要求に対して市町村側には改善の義務はあるが、従わなくても罰則はない。

・日本の教科書検定は教科書以外の副教材にも及ぶ。

横浜の市立中学校では、横浜の自然や歴史などをまとめた副読本「わかるヨコハマ」の回収が行われた。「朝鮮人虐殺事件」に関して、「軍隊や警察、（中略）自警団などは朝鮮人に対する迫害と虐殺を行い、また中国人をも殺傷した」という歴史学の定説に従って書いた部分を一部の市議が問題視して改訂と回収を要求したからである。

松江市で中沢啓治『はだしのゲン』の閲覧を制限した問題は、市教委が不当に介入したことと、市内の校長会が市教委事務局の「お願い」に「時局の要請」とばかり唯々諾々と従ったことにある。

松江市教委は二〇一三年八月二六日、市教委事務局の手続きに不備があったとして、閲覧制限を撤回することを決めた。

一方、二〇二三年二月になって広島市教育委員会は、広島市立の小中高校で平和教育に使われていた教材を、二三年度から改訂し、『はだしのゲン』を別の教材に差し替えることを決めた。

一〇年前の閲覧制限の理由は「表現が過激」だったが、今回の差し替えの理由は「被爆の実相に迫りにくい」だ。

しかし、『はだしのゲン』は被爆の実相に迫る名作。戦時スローガンでマインド・コントロールされ、思考判断を狂わされた実相も伝えている。

二〇一六年度用の中学歴史教科書に新規参入の出版社「学び舎」が慰安婦の記述を復活させ、現在、国私立計三八校が採択している。私立灘中学校もその一つ。採択後、自民党議員から詰問の電話があり、抗議のはがきが灘中の校長宛てに数百枚届いた。

●日本も政府の主導で官民合同の「アジア女性基金」を設立し、元従軍慰安婦に対しては「償い金」を出してきた。しかし、河野談話の見直しを求める政治勢力や従来の歴史教育を自虐史観とするデマゴーグが跋扈《ばっこ》しては、補償事業の継続も危ぶまれる。

安倍総裁は前回の安倍政権時代に、教育基本法を改正した。「我が国と郷土を愛する態度を養う」との愛国心条項を加える一方、教育の「不当な支配」を禁じる字句を削った。そして、今回の衆院選では憲法を改正し、国防軍の創設も公約に掲げた。

安倍首相の唱える教育改革とは、教育に不当に介入し、一つの価値観で教育内容を染め上げることである。また「新しい教科書をつくる会」が元気づく。

安倍政権は二〇一三年一月一〇日、首相官邸に設置する「教育再生実行会議」(仮称)のメンバー15人を内定した。メンバーには、「新しい歴史教科書をつくる会」元会長の八木秀次氏、全日本教職員連盟の河野達信委員長、作家の曽野綾子氏ら保守系の「論客」が居並んだ。
●一九九六年一二月に「新しい歴史教科書をつくる会」を設立した藤岡信勝は、ディベートで歴史教育を行った。ディベートは、一つの論題について肯定側と否定側に分かれて論理展開力の優劣を競うゲームで、当人がその論題に関してどんな見解を持っているかは全く関係ない。言い換えれば、当人はどちらの立場に立っても論理を展開でき、その論理展開力のみで優劣を競うということだ。例えば、藤岡は、「大東亜戦争は自衛戦争であった」という自分の政治的主張を一方の立場としてディベートさせた。すると、それを肯定する側に立たされた生徒や学生は、それを肯定する根拠のみで論理を展開することになる。議論の優劣を判定するのは、藤岡自身であるから、賛成派に軍配が上がるのは当然である。
●「慰安婦記事を捏造した」として批判され続け、家族や周辺にまで攻撃が及んでいた元朝日新聞記者が損害賠償などを求める訴訟を起こした(二〇一四年一月九日)。一方、教科書会社「数研出版」は、一五年四月から使用される「現代社会」と「政治・経済」の教科書3点から、「従軍慰安婦」と「強制連行」という言葉を削除する。例えば、「強制連行された人々や『従軍慰安婦』らによる訴訟が続いている」という箇所を、「国や企業に対して謝罪の要求や補償を求める訴訟が起こされた」と直す。

文科省は検定通過後に教科書会社が記述を訂正しなければならない場合の理由として、「誤記」「誤植」がある場合と「客観的事情の変更に伴い明白に誤りとなった事実の記載」があった場合を規則に挙げている。しかし、戦時下に軍の関与の下に慰安所を設け、将兵の性の相手をさせられた女性がいた事実は変わらない。

少女の慰安婦像を二〇一一年一二月一四日、韓国の日本大使館前の歩道に「韓国挺身隊問題対策協議会」が設置した。朝鮮人慰安婦については、特に日韓に感情のもつ縺れがある。東南アジアなどの戦地や占領地と違って、朝鮮半島は大日本帝国の植民地だから、朝鮮の人々は当時、「準日本人」であり少なくとも表面上は日本軍に協力せざるをえなかった。「軍人に強制連行された」という証言もあるが、朝鮮人を含む売春業者にだま騙されたり親に身売りされたりして集められ、慰安所に送られたケースが多い。民間の朝鮮人捕虜が朝鮮人慰安婦は「志願か親による身売り」と答えた米軍の尋問記録もある。しかし、日本軍が慰安所を設置した事実と、いずれにしろ彼女たちが痛ましい苦痛を強いられたことに変わりはない。

他の教科書会社も倣《なら》う惧《おそ》れがある。日本の「負の歴史」を抹消する動きは、なお続いたが、二〇一五年一二月、慰安婦問題を巡る日韓交渉が進み、二八日、合意に達した。日本政府は軍の関与や政府の責任を認め、元慰安婦支援のために韓国政府が設立する財団に日本から一〇億円拠出すると表明した。しかし、在韓日本大使館前の「少女像」の扱いが問題になっている。

日本政府は一〇億円拠出の前提条件として「少女像」の移転を求め、一挙に慰安婦問題に決着を付ける考えで、合意文書には「関係団体と話し合いを行ない、適切に解決されるよう努力する」と盛り込んだ。日本側は移転の内諾を得たと認識しているが、複数の韓国政府関係者は「我々が交渉の場で移転を約束したことはない」と言い、元慰安婦や支援団体の反発は激しい。韓国ギャラップ社の世論調査では「少女像」について「日本政府の合意履行にかかわらず、移転に反対する」との回答が76%を占めた（一六年九月二日）。

合意が無効、破棄されることも考えられる。

日本政府が軍の関与を認め「責任を痛感する」ことで合意したにも拘わらず、自民党の桜田義孝衆院議員は二〇一六年一月一四日、慰安婦について「職業としての娼婦《しょうふ》・ビジネスだった。これを何か犠牲者のような宣伝工作に惑わされ過ぎている」と発言。発言後、報道陣からの取材を拒否していたが、同日夕方、「誤解を招く所があり、発言を撤回する」とのコメントを出した。この問題発言に対し韓国外交省報道官は、「歴史の前に恥も知らない一介の国会議員の無知な妄言に対し、いちいち答えることに一顧の価値も感じられない」とコメントとした。

一七年六月二一日、岸田文雄外相と韓国の康京和外相は電話協議を行ない、康外相は慰安婦問題に強い関心を示したが、「日韓合意の再交渉といった踏み込んだ要求はせず、両外相は未来志向的な関係を発展させる」ことで一致した。

●10年前に米国のスタンフォード大学で日中韓米の歴史教科書の戦争記述を読み比べる学術会議があった。日本の歴史教科書は冷静で中立的に書かれているが、面白くない（not interesting）と評価された。中国の教科書は「すべてが中国人の英雄的戦いの物語にされている」と指摘された。ただし、中国人には面白いだろうし、感動を与えるだろう（二〇一三年九月五日付『朝日』の「社説余滴」）。安倍政権は「グローバル社会を見据え、日本のアイデンティティーを学ばせる必要がある」として、高校日本史の必修化を検討し、独善的な歴史教育を意図している。

文科省は二〇一五年四月、翌年度から使う中学教科書の検定結果を公表した。社会科については、「政府見解がある場合はそれに基づいた記述」「近現代史で通説的な見解がない数字などはそのことを明示」するなどの検定基準を設けていた。下村文科相は「バランスをより取る方向にまとまりつつある」と自画自賛した。しかし、その時の政府見解を必ず付けるのだから、一方的であり、政権が替われば、見解も変わりかねない。バランスは著しく欠く。

教科書は面白くなくても、多様な解釈が学べれば良い。面白くするのは、教える側である。教科書どおりにしか教えられない二流の教師を日本の教育界が養成していることこそ問題だ。教科書に載っていない情報を盛り込み、出来事を多面的に考えさせる一流の教師は生き残れなくなる。

一方、二〇一八年三月から中国の中学校で使われる歴史教科書から、「文化大革命」の項目が削除される見通しだ。文革を発動した毛沢東の過ちを認める表現が削られると見られる。中国共産党は一八年の決議で「指導者が誤って引き起こし、党と国家、人民に深刻な災難をもたらした内乱」と総括した。

●二〇一五年四月末、米国を訪問した安倍首相は、米議会上下両院合同会議で演説し、先の大戦への「痛切な反省」に言及したが、「侵略」や「おわび」という言葉は使わず、慰安婦問題には直接言及することを避けた（四月三〇日）。戦後七〇年に合わせ「閣議決定」を経て出した「安倍談話」は、「村山談話」「小泉談話」に盛り込まれた「植民地支配」「侵略」「痛切な反省」「心からのおわび」といった文言を使いはしたが、間接的な表現が目立った。主語として「私は」を一度も用いず、その英訳文でも〝Ｉ〟はたった4回しか使われておらず、代わりに〝ｗｅ〟あるいは〝Ｊａｐａｎ〟を頻用し、主体性のない談話に終始した。八月一五日の全国戦没者追悼式の式辞で安倍首相は、アジア諸国への加害責任には二〇一八年も六年続けて触れなかった。

一方、天皇陛下は「おことば」の中で二〇一八年も「深い反省」という表現を使い、「ここに過去を省み、深い反省とともに、今後戦争の惨禍が再び繰り返されないこと」を切に願うと述べた。

✎「自由主義史観」は国策礼賛史観

●藤岡信勝は、戦後の歴史教育はマルクス主義の影響を受け、日本史の負の部分を殊更に強調する一方で正の部分を過小評価するから「自虐史観」だと決めつけ、それに対し「自由主義史観」を提唱し、一九九六年一二月二日には「新しい歴史教科書をつくる会」を結成した。これに賛同する「論客」たちには歴史学の以外の分野の専門家や非専門家が多い。そもそも藤岡は歴史学者ではなく、教育学が専門で、近現代史に関しても門外漢である。

文科省は「広域採択制度」に梃《てこ》入れし、「自由主義史観」の「新しい歴史教科書をつくる会」系の教科書採用を「要請」している。二〇一五年四月の朝日新聞の調査では、日本の歴史教育を「自虐的」と思う人は３５％で、「そうは思わない」は47％だった。

●クローチェは、「すべての歴史は現代史である」と宣言した。「歴史というのは現在の眼を通して、過去を見るところに成り立つものであり、歴史家の主たる仕事は記録することではなく、評価することである」。「すべて歴史的判断の基礎には実践的要求があるので、すべての歴史は『現代史』という性格を与えられている。なぜなら、叙述される事件が遠く離れた時代のものに見えても、実は、その歴史は現在の要求および状況―その内部に事件がこだましているのである―について語っているのであるから」（『自由の物語としての歴史』英語版一九四一年清水幾太郎訳）。

Ｅ・Ｈ・カーは、「歴史とは現在と過去の対話である」と語った。歴史家の仕事は「現在を理解する鍵として過去を征服し理解することであります」（『歴史とは何か』一九六一年清水幾太郎訳）。

歴史家は、自分の生きている時代の価値観に基づいて歴史叙述する。歴史的に見るとは、対象とする時代の価値観で見ることではなくて、その時代を生きた人々の眼には何がどのように映っていたのかを探ると同時に、何が見えていなかったかも知ることである。だから、「過去の価値観」を「その時代特有」のものとして認識することと、現在の価値観を基準に歴史を認識することとは、何ら問題なく両立する。

「自由主義史観」のデマゴーグらは、「現在の価値観で過去を見るな」と説く。そうならば、公娼制度が存在した当時の価値観からすれば、「従軍慰安婦」などは悪いことでも何でもない。

当時の価値観で過去を見れば、その価値観に基づいた「整合性の取れた説明」ができ、その歴史的事象や事件は起こるべくして起きたことになる。それに関わった日本人の行動も当然の結果ということになり、日本の国策も正しかったことになる。

「自由主義史観」に賛同する歴史の専門家は少なかったが、近年、歴史の専門家も「自由主義史観での著作や発言をする者が出てきた。その一例が、宮脇淳子『日本人が知らない満洲国の真実　封印された歴史と日本の貢献』（扶桑社二〇一八年）。

著者の宮脇淳子も監修者の岡田英弘も東洋史の専門家である。「はじめに」にある歴史叙述についての二人の見解は、歴史家の見解とは到底、思えない。以下、アジアの近現代史上の事象や事件を例に論を進める。

「現在から見てよかったか悪かったかというのは、歴史ではなく、政治です」と宮脇は言う。それでは歴史家はなぜ歴史を書くのか。歴史家は自分の生きている時代の価値観に基づいて歴史を解釈し直して叙述し、同時代の人々は歴史から学ぶ。

宮脇は、歴史家が歴史を書くのは、「起こった出来事すべての説明につじつまが合うような、よりよい歴史を残したいからです」つまり「整合性の取れた説明」をすること。「良い悪いや善悪の判断は、生身の人間がすることではなく」「そこにいた人たちがどう考えていたかを、実感を持って理解するため」だと言う。それでは、そういう歴史叙述から現代人は何を学ぶのか？

新しい歴史教育の提唱者である藤岡信勝は、「歴史教育の最大かつ究極の価値基準」を「日本国民がこれからの時代をより幸せに生きていくための基礎的教養を身につける機会」になっているかどうかであるとした。「より幸せに生きていくために」（藤岡）、「よりよい歴史を残したい」（宮脇）と言うことか。

しかし、藤岡と宮脇は歴史叙述の点で見解を異にしているようだ。宮脇は当時の価値観に沿って歴史を書くが、藤岡は、歴史は「資料の発掘と分析の進展によってのみ」ではなく「時代の現実そのものの変化によっても」書き換えられねばならないものと定義づけている。自分の生きている時代の視点で歴史は書き換えられると言う。

その当時の価値観で解釈して「整合性の取れた説明」をすれば、「よりよい歴史」なのか。「そこにいた人たち」には迷惑な解釈で、日本人には都合の良い説明である場合もある。すると、当時の日本政府が取っていた国策を是認する説明になるではないか。

「すべては経済で決まる」マルクス主義の歴史観は空想的で、しかもアジアには当てはまらないと言う。人間は「お金だけで行動しない」が、結局、人間の行動は経済的理由で制約される。

①日本の満洲進出は、「実際には、日本は満洲に野望があったというより、その場その場で対処していくうちにズルズル引き込まれていった、とする方が正しい」と言う。こういう見方は、政治指導者には都合の良い説明で、当時の国策の是認である。

②日本人は満洲開発に貢献した（226頁、272頁、305頁）。それは、満人と漢人を搾取酷使してのことだった。

③張作霖爆殺事件は河本大作の単独犯行ではない（220頁）。もしそうだとしても、事件に関わっていたのは史実で、日本人にも加害責任はある。

④満洲拓殖公社が一九四一年春に所有していた二千万町歩の土地のうち、中国人がすでに耕していた土地は二五〇万町歩に過ぎなかった（274頁）。しかし、土地を収奪したのは史実。

⑤「三光」は中国語なので、「三光作戦」は日本人がやったことではない。極寒の地で赤子が丸裸

で暮らしているという山室信一『キメラ』の記述は間違いで、部屋にはオンドルがあるから暖かかった（277頁）と言うのは、変だ。農民たちはそういう暖かい家を焼かれたのだから。

⑥日清戦争後に「閔妃暗殺」は朝鮮人暴徒の仕業（37頁）だと言うが、日本公使の三浦梧楼《ごろう》の使嗾《そうし》に因《よ》る事件だった。

日韓併合後に残虐行為をしたのは日本軍の服を着た朝鮮人の憲兵や日本人の制服を着た朝鮮人の警察官だった（836頁）。日本人の憲兵も警官も残虐だった。

⑦万宝山事件（一九三一年）後に朝鮮人農民が土地を奪われたが、満洲に朝鮮人農民を入植させたのは日本の国策である。

⑧辻政信『ノモンハン秘史』は「一勝一敗」とか「引き分け」と強弁していた。宮脇は「ノモンハン事件は両者の敗北」（291頁）だと言う。どちらも日本の敗北を隠蔽する詭弁である。

●「自由主義史観」は司馬遼太郎の「司馬史観」を悪用する。司馬は実際の歴史を書いたのではなく、フィクションを書いたのだ。司馬は信憑性に乏しい史料も巧みに採り入れ、複雑な史実と実在人物の複雑な面を面白く単純化して日本人受けするように語ったから、司馬の歴史小説は「限りなく事実に近い」と誤解された。

「自由主義史観」は史実の曖昧性や「見方は様々」だとして、その史実を全面否定しようとする。小池百合子都知事は、歴代の都知事が関東大震災の「朝鮮人犠牲者追悼式」に寄せていた追悼文を連続して送っていない。小池知事は虐殺の有無について「様々な見方がある」と曖昧な言い訳をしている。

「自由主義史観」は、日本の負の歴史を否定し正の歴史を過大評価して、史実を改竄《ざん》する「国策礼賛史観」になった。デマゴーグらが日本の歴史教育を犯している。

米国のケント・ギルバート弁護士の『儒教に支配された中国人と韓国人の悲劇』（講談社）が、二〇一七年の新書ノンフィクション部門で第一位になった。中国社会や韓国社会を『禽獣《きんじゅう》以下』の社会道徳」の支配する社会と評している。日本の「現政権の枠組みの中で起きたことだ」（二〇一八年九月二七日付『朝日』保阪正康）。

◎道徳教育の欺瞞

戦前戦中、当局は「教育勅語」で国民の心を、「戦陣訓」で兵士の精神を操り、縛った。

今度は道徳教育を教科に格上げして低学年から国民を洗脳する。日本の道徳教育は子どもに「権利」を教えず、進んで「義務」を果たすことを教える。

中教審の道徳教育専門部会主査である御用学者は、「道徳性を養うことは学校教育の根幹」だと語る（二〇一五年二月五日付『朝日』）。しかし、学校教育の根幹は徳育ではない。

「道徳」が教科に格上げされれば、道徳の検定教科書を使わせて監視し、使わなければ、長野県松本女子師範学校付属小学校での「川井訓導事件」（一九二四年秋）のようなケースが発生するだろう。

教育改革は結局、教員締め付け策になる。教員は研修に駆りたてられ、「道徳」授業の準備に追われ、研究授業という名目で監視され勤務評定される。徳目を教え込んで「いい子」に育てなければ、教員の指導が悪いとされる。教員にも思想や信条があるし、その自由は保障されて当然だが、お上の意向を過剰に忖度《そんたく》して保身に汲々とする教育公務員ばかりが生き残る。教員社会には「生活保守主義」が蔓延《まんえん》している。

教科だから児童生徒の道徳意識を成績評価しなくてはならない。しかし、評価の仕方を改訂案は示していない。評価される児童生徒は、先生がどういう答えを求めているかを察知し、表面上は特定の価値観を受け入れ、道徳度が高いように見せ、いい子にならなくてはならない。これについて、儒学者の貝塚茂樹・武蔵野大教授は、「教員はプロとして子どもをしっかり見て判断する必要があり、評価する側の力量が問われる」(二〇一五年二月二五日付『朝日』)と批判する。しかし、成績評価に当たって教員は、子どもの内心まで踏み込んで「愛国心」を含む「道徳性」を、相対的に差を付けて評価しなくてはならないのか。

道徳教育の目標は「物事を広い視野から多面的・多角的に考える」ことだという。しかし、徳目を遵守《じゅんしゅ》する規範意識を押し付け、「寄らば大樹の陰《かげ》」の、強い者に従順な面従腹背《めんじゅうふくはい》の大人に育つ。

道徳の教科化は「いじめ」対策でもあると言う。しかし、それで「いじめ」が無くなるわけではない。「道徳」の名の下に、むしろ陰湿化する。『青い山脈』の中で寺沢新子が同級生から嫌がらせに遭った。それは男女交際という「不道徳行為」を「母校を愛する熱情」から正すためだった、と偽ラブレターを書いた女生徒らは開き直った。

教員社会にも「いじめ」がある。教委や学校管理職からパワハラを受け、同僚からの虐めに遭って、「心の病《やまい》」で長期病休は珍しくない。病休を繰り返した挙句《あげく》に退職に追い込まれる。自殺するケースもある。無論、表沙汰《おもてざた》には、されない。

道徳教育は誰に対して必要か。それは大人たちに対してであり、社会教育の分野。道を説き道徳教育を進めようとする大人たちが弱者を虐めるのを止め、自らが掲げる徳目を実践して見せれば、子どもたちの「いじめ」も無くなり、道徳教育は要《い》らない。

国民に憲法で「道徳」を説くのも誤りだ。自民党の憲法改正草案は規定する――「自由及び権利には責任及び義務が伴うことを自覚し、常に公益及び公の秩序に反してはならない」(第一二条)。これは禁止規定。現行憲法第一二条は、自由や権利を「常に公共の福祉のために利用する責任を負ふ」と定めている。こちらは国民の積極的義務だ。

イタリア生まれの日本文化史研究家のパオロ・マッツァリーノ『みんなの道徳解体新書』(二〇一六年)は道徳教育と道徳本の欺瞞を突く。本当に道徳教育は必要か？　学校で道徳が教えられるか？

「道徳」を教科に格上げしても、特殊な科目になる。「なにかが得意な人が得意でない人に教えて得意になってもらう」のが教育。道徳を教える者が必ずしも道徳の知識の大家でもないし、道徳の実技に優れている訳でもない。道徳教育の必要を説くお偉方《えらがた》が道徳の実践者とは限らない。その真逆であることも多い。彼らは公共の場でマナー違反をしている人に注意したことがあるか。

有名人のお偉方が専門外の間違った発言をしても、その有名度の故に一般人は頭から信じてしまう。映画監督の山田洋次と解剖学者の養老孟史《たけし》が『読売』(二〇〇七年三月五日)にモラルの低下について問われて道徳教育の必要性を説いている。しかし両者とも誤った根拠に基づいている。この映画監督は、昔は隣り近所の大人が社会の一員としてのマナーを教えていた、と語った。これは限られた記憶と経験に因る誤解。この解剖学者は、「家」制度が崩壊し欧米流の個人主義が持て囃されたためだと語った。しかし、この解剖学者は「家」制度や個人主義を社会科学のデータに基づくもことなく無責任に論じ、日本社会を解剖していない。日本社会にも個人主義的側面が多々ある。

道徳の必要性を説く者から道徳を実践して見せてくれれば、道徳教育は必要ない。「道徳教育が成功した例は、世界史上、いまだにない」（『論語』研究者の加地伸行）。日本の学校では文学教材や「生活科」にまで道徳を加味する。

フィンランドの学校には、道徳に関わる事を学ぶ科目として、「人生観の知識」がある。この科目では倫理（ethics）を学んでも、道徳（moral）は教えない。「倫理」という教科で善なるものを教えても、道徳を教え込んで人の行動に干渉したり、こうすべきだと指示したりはしない。倫理は行動についての規範ではなく哲学的に考える分野である（岩竹美加子『フィンランドの教育はなぜ世界一なのか』二〇一九年新潮社（新書）と『フィンランドはなぜ「世界一幸せな国」になったのか』二〇二二年幻冬舎（新書）から）。

一九五〇年代後半には教員たちが道徳の授業を行わず、一学期間、本格的実施が後れた（『みんなの道徳解体新書』）。しかし、今回の「道徳」の教科格上げに対し、教員たちが反対運動をしているとは聞かない。

第8講

底流する体制受容の思潮

（二）底流する「日本主義」の罠

いわゆる「日本主義」は明治中期、明治政府の欧化主義偏重に対する反動として起こり、三宅雪嶺、高山樗牛、井上哲次郎、井上円了らの文学者や哲学者らによって提唱された。国学同様に論理性は脆弱で、情緒的。思想としては一定の体系を成していない。

「日本主義」は第二次大戦後も、日本の政治風土の中で左翼思想に対抗するイデオロギーとして機能している。「日本主義」は情緒的に日本古来の伝統や東洋思想を擁護し、「政治にも忍び込んで保守反動の底流となり、社会全般に浸透している」（篠原一《はじめ》『日本の政治風土』一九六八年）。欧米一辺倒の風潮に抗して、日本人の心の「洋魂化」の防波堤たらんとしている。

二〇〇一（平成一三）年には境野勝悟の『日本のこころの教育』が出版され、二〇〇二（平成四）年ごろからオペラ歌手の森敬恵が『日本の心』を歌い継ぐ会」の活動を開始した。

二〇一五（平成二七）年には「日本の心を大切にする党」が結成された。文学や哲学にも浸透し、情感的に現実を容認する安易な人生論や癒し本が出回っている。武道、茶道や華道や装道などの芸道にも忍び入り、和食、旅、古民家などなどにも「日本の心」の情感が溢れている。

以下で、今も日本社会に浸み込む「日本主義」の罠を暴く。

（二）日本浪漫派のレトリックと京都学派のロジック

日本では今、まやかしのレトリックと騙しのロジックで装った言説が主潮となっている。戦前戦中も欺瞞のレトリックとロジックで現実を容認し、体制を翼賛する言説が横行していた。戦時中、日本浪漫派は言葉の綾で、京都学派はロジックの綾で国民を騙し、体制を翼賛し、戦意を高揚した。

戦前戦中、国策確立に主体的に協力した知識人集団があった。ルーズベルト大統領が議会制度の欠陥を補完するために設置し大統領の権限を強化しニューデール政策をスタートさせた「ブレーン・トラスト」に感銘を受けた後藤隆之助が、近衛文麿の要請で昭和八年に発足した「昭和研究会」である。この知識人集団が近衛の「新体制」運動を推進した。昭和一五年に後藤をはじめ会員の大半が「大政翼賛会」入りした後、主宰者が決まらず、同年、解散した。

これに取って代わるかのように「新体制」を正当化し侵略戦争に理論的支持を与えたのが、「日本浪漫派」と「京都学派」である。前者の保田与重郎《やすだよじゅうろう》や亀井勝一郎らはレトリックの綾で、後者の京都哲学派の田辺元《はじめ》や西谷啓治《にしたにけいじ》らはロジックの綾で国民をマインド・コントロールした。彼らのようなソフィストやデマゴーグは、オーウェルの『動物農場』と『1984年』にも登場する。

日本浪漫派は戦争を情緒的に肯定する方法を編み出した。「明瞭に定義することのできない言葉を駆使し、読者の情念に訴え、戦争の性質を分析せずに、戦争支持の気分を煽りたてた」（加藤周一

「戦争と知識人」一九五九年)。亀井勝一郎は「慟哭《どうこく》」「憧憬《どうけい》」などの漢語を頻りに用い、「非常に悲しんで泣く」という何の変哲もない動詞の代わりに「慟哭する」、「あこがれ」「とこしえ」という和語があるのに「憧憬」「悠久《ゆうきゅう》」などと、頻りに漢語を使った。彼らは、「悠久のロマンチシズム」のような曖昧《あいまい》で大仰《おおぎょう》で荒唐無稽《こうとうむけい》レトリックを多用した。

「人間にとって求道は無限の漂泊であり、恐らく死以外に休息はあるまい」「戦争より恐ろしいのは平和である。・・・奴隷の平和よりも王者の戦争を！　ここでの勝利は、勝利といふ観念では存在しない。悲願あるのみ」。「人生は不断の戦い」であるとし、戦争に死に場所を見出すという意味付けに誘導した。

戦後の文壇に復帰しても、彼らの書きぶりは変わらなかった。「私の往年の文章は多くの若者を死なしたのであらうか。それは私が死なせたのでなく、本当の『日本文学』が死んでもよいといふ永遠の、生命の、天地開闢に、彼らの心をひらいたのである。それは大東亜の開闢のころである。彼らが私に残していつた最後の遺言は、みな、死が永遠なる時の実体の開始なることを教へた。稚い、しかも崇高なことばでその思想の発生と成就の生ひ立ちの状をさえ教へてくれた」(保田与重郎「日本の歌」)。

作家の曽野綾子は大江健三郎の『沖縄ノート』を誤読して、集団自決は軍による強制ではなく、「国に殉じるという美しい心で死んだ人たちのことを、あれは命令で強制されたものだ、と言って、その死の清らかさをおとしめている」と強弁した(二〇〇〇年一〇月)。これは単なる誤読ではなく、故意に曲解したものである。

権力者や権威者や有名人が事実無根を根拠に堂々と持論を展開すると、始末が悪い。知名度は欺瞞を凌駕する。

京都学派は戦争を論理的に肯定する方法を提供した。京都学派は生活と体験と伝統を離れた外来の論理の何でも適用できる便利さを、積極的に利用してたちまち「世界史の哲学」をでっちあげた。およそ京都学派の「世界史の哲学」ほど、日本の知識人に多かれ少なかれ伴わざるをえなかった思想の外来性を、極端に誇張して戯画化してみせているものはない。ここでは思想の外来性が、議論が具体的な現実に触れるときの徹底的なでたらめ振りと、それとは対照的な論理そのものの尤《もっと》もらしさに、全く鮮やかに現われている（加藤周一「戦争と知識人」一九五九年）。

田辺元は、歴史的現実一般について抽象的に語る時には尤《もっと》もらしかった。「閉鎖的・種族的な統一を開放的・人類的な立場へ高める原理を御体現あそばされる天皇」を臣民が「翼賛し奉る」（「歴史的現実」）と理屈だてる。しかし、世界の歴史的現実の中で具体的に日本の意味を語る時には荒唐無稽でしかなかった。故にこれ以上の具体的引用は省く。

戦後になると、立憲君主制の擁護に転じる――「天皇は国民の全体的統一の理念の体現であり、従って国会の統一点である。主権は国民にあると同時に、天皇に帰向する」「天皇は無の象徴たる有と解し奉るべきであろう」「天皇の象徴的存在こそ、民主主義を容れて而もその含む対立を絶対否定的に統一する原理であるといふべきである」（「政治哲学の急務」）。

田辺らの出鱈目《でたらめ》な論理は戦後も変わらなかった。「田辺元の論理は技術的なものであり、彼はその技術をそれぞれの時代の「国民の大多数」の考えの正当化に用いた」（加藤周一の前掲論文）。彼らの

「世界史の哲学」の亜流は現在、政権のお抱え言論集団となり、「自虐史観」を廃する運動を進めている。「日本会議」は体制翼賛の言論集団で、戦前回帰を担う。

当時の知的エリートたちである学生たちは、愚かな戦争の中での避け難い死に意味を与えようとすれば、その欺瞞性に気づきつつも、日本浪漫派のレトリックと京都学派のロジックに酔い、癒すしかなかったのだ。

国民の大多数は戦後、逃げ口上として「国民には何も知らされていなかった」「国民は騙されていた」と言えた。武者小路実篤などの文学者ら有識人までが「私は騙されていた」と言っては嘘《うそ》になる。一五年戦争中も座談や対談で無責任な放言を繰り返していた小林秀雄は戦後、『近代文学』が主催した座談会（昭和二一年一月一二日）で、「僕は政治的には無智な一国民として事変に処した。黙って処した。それについて今は何も後悔もしていない」「僕は無智だから反省なぞしない、利口な奴はたんと反省してみるがいいじゃないか」と啖呵《たんか》を切り居直り、嘲笑を買った。一方で、一度起こってしまったことは二度と取り返しがつかないのが歴史であり、解釈や批判を拒絶して動じないのが「歴史の魂」だとも語っていた。何やら「日本主義」や「日本浪漫派」のレトリックを想起させる（拙著『コトバニキヲツケロ』（二〇一六年39頁〜44頁）。

政治的リアリティを欠いた言動が目立った安倍晋三は、日本浪漫派のレトリックで「美しい日本」「日本（の心）を取り戻す」と唱えた。「日本主義」の復古調の臭いがする。

（三）専門知で政治参画

※京都学派はロジックで政権参画したし、当世の政治的知識人は専門知で政治参画する。

◎専門知と民主主義

●有識者や専門家、コメンテイターと言えば、一般人より深い知識と高い見識を兼ね備えた知識人層である。

彼らが政府の有識者会議や専門家会議に招かれ、メディア知識人としてメディアに顔出しをする時の選定基準はどうなっているのだろうか（メディアウオッチャーの尾辻かな子）。政府やスポンサーの主張を支え、代弁してくれる知識人を選定するに違いない。

メディア知識人は売れ出すと、自分の専門外のトピックについても、コメントし出す。専門知がなくても知名度や人気度の高さだけで、メディアの引っ張り凧《だこ》になって生半可な専門知で世事をコメントする「疑似知識人」も少なくない。

●知識や認識一般は社会的に拘束されるが、組織から解放されれば「社会的に自由に浮動する知識層」は、自由に発想し言動できる（カール・マンハイム）。

知識や技能は権力獲得の基底となる価値の一つである。だから、人並み優れた知識や技能があれば、権力への階段をよじ登ることもできる（H・D・ラスウェル）。

●ライト・ミルズ『権力・政治・民衆』(一九六五年)は民主主義社会における知識人の政治関与について、以下のように言う。

民主主義には、知識を持った公衆と理性的に責任を負う政治的指導者が必要である。でなければ、「知識は民主主義的意味を持っていない」ことになる。

だから政治的知識人は「現実的な方法で政治的に思考しようと言うならば、自分自身の社会的位置を知っておかなければならない」。

「一般的に言って、最も権力のある者、最も富める者は、最も知識を持ち、いわゆる最も賢いものである、と大多数の人々は信じさせられている」。だから「権力者と金持ちは最も知識ある人間でなければならない」。

以前は「権力のエリートと文化のエリートとは合致していた」「知識ある有能な公衆の範囲内では、知識と権力は効果的に連結していた」。

しかし近年、知識は権力ではなくなり、「知識は民主主義的意味を持っていない」。権力者は知識と感受性と現実認識を喪失した。「政治家たちとその顧問グループの知的欠如に加えて、公共的精神の欠如が見られ、そのために権力的決定や重要政策は、それらを正当化したり攻撃したりする試みもなされず、簡単に言えば、なんらの知性的討論も経ることなく作成される」。

●久野収は、日本の知識人を、「専門的知識の持ち主」、「批判的知性の持ち主」、「文化人」、の三つに分け、現代の不幸は専門的知識と批判的知性が結び付かなくなったことにあると指摘した(小田実『日本の知識人』一九六九年)。「批判的眼差しの否定は社会を衰退させる」(新藤宗幸『権力にゆがむ専門知』二〇二一年）。

そうした専門的知識と批判的知性を欠いた政策決定の例を、新型コロナ対策、原発の運転延長と新増設、「被害者救済新法」、「敵基地攻撃能力」などに見ることができる。

安倍首相は二〇二〇年二月、全国小中高と特別支援校に一斉休校を要請し、全国の自治体教育委員会と学校は、その要請に唯々諾々《いいだくだく》として従った。この要請は専門家会議に諮ったものではなく、専門家会議のメンバーはニュース報道で初めて知ったとされている。

二二年一二月の原発政策の急転換も、原子力規制委員会に諮ったものではなかった。原子力規制庁と経済産業省資源エネルギー庁との間の面談は同年七月から始まっていたが、その間、規制委には報告せず、記録も残していない。規制委は環境庁の外局で、規制庁はその事務局。規制庁のトップ３は経産省出身者が占めている。

◎権力に歪む専門知

●専門家が時の政権の意思決定に関与するのは、特段目新しいことではない。政権に招かれた専門家は大抵、欣喜雀躍《きんきじゃくやく》する。自分の専門知を政治に反映できるからだ。

甲府藩召し抱えの地味な儒者だった新井白石は、藩主綱豊が次期将軍職を継ぐことになったと、綱豊の寵臣の間部《まなべ》詮房《あきふさ》から告げられる。間部は自分と組んで天下に新たな政道を敷いて行こうではないか、と誘う。四八歳まで自分の学識が陽の目を見ることのなかった白石は胸のときめきを禁じえなかった。（藤沢周平『市塵』）。

幕府お抱え学者だった荻生徂徠は、「元禄赤穂浪士事件」に際し、義挙と讃える世論を基に他のお抱え学者ら助命を主張したのに対し、四十七士の切腹を主張した。内匠頭の刃傷と浪士の吉良邸討ち入りは天下の政道を乱すものだが、武士の面目が立つように切腹を命ずべしと進言したのである。「経世済民の儒者」であった徂徠は終生、この進言を悔やむことはなかった。

●国際政治学者の若泉敬は、佐藤栄作首相の「密使」として、有事の際の核再持ち込みに関する密約を結ぶためにキッシンジャー補佐官と極秘に接触し、そのシナリオ作りに奔走した。

佐藤栄作首相とニクソン米国大統領は一九六九年一一月二一日、共同声明を発表し、一九七二年中に「核抜き、本土並み」で沖縄返還されるという共同声明を発表した。そして佐藤首相は帰国後の記者会見で、沖縄に核の再持ち込みはないと言明した。

しかし、それは、核を再持ち込みする権利を米国に留保し、有事の際には事前協議し、沖縄に核を再持ち込みする権利を米国に与え、核が持ち込まれる可能性を残していた。

若泉は同年一一月二九日、佐藤と最後の面談をした。「核抜き返還」の約束履行を切望し、「総理の記憶から私のことを抹殺していただきたい」「今後、若泉敬という男のことは、総理の頭から完全に清算していただきたいのです。おそらく、もうこうした形でお眼にかかることもないと思います」と告げ、佐藤と二度と会うことはなく関係を断った。以後、世に出ることなく故郷の福井県鯖江市に隠棲。一九九三年一二月、膵臓ガンと告知され、九六年七月二七日、66歳で亡くなった。若泉は自死ではないかと疑われるほど自責していた。

一九七二年三月、外務省機密電文が公開され、「沖縄返還密約」の存在が明らかになり、佐藤内閣は同年七月総辞職。佐藤は一九七四年一二月、「非核三原則」の提唱を理由にノーベル平和賞を受賞し、七五年六月、死去した。

若泉は死去する2年前の一九九四年、佐藤の次男で衆院議員の佐藤信二に、近く自著が出版されることと「参考資料」を送る旨の手紙を送っていた。「参考資料」とは六九年一一月の日米首脳会談のシナリオ、核密約の英文草案とその和訳の3点だった。

若泉はこの間、病苦を押して沖縄への慰霊の旅を重ね、仏門に帰依。国会への参考人招致に備え、同志仲間の前で想定問答を独演していた。

一九六七（昭和四二）年に『中央公論』三月号に発表した論文「核軍縮平和外交の提唱」からすれば、沖縄返還は当然の帰結であるが、緊急時に核持ち込みを認める以外に策が無かったとは言え、沖縄の人々を欺いたという悔恨に苦しんだ。一九九四年五月一五日［沖縄返還と同じ日］、文芸春秋社からとして『他策ナカリシヲ信ゼムト欲ス』が刊行された。題名は陸奥宗光『蹇蹇録《けんけんろく》』（一八九五年）の結びの一句を借用したものである。その英語版は二〇〇二年、ハワイ大学出版局から公刊された。

衆議院予算委員会で政府側は政官語を駆使して隠蔽答弁を繰り返していたが、返還協定交渉に当たった当時の外務省アメリカ局長の吉野文六は二〇〇九年、米軍使用地現状回復費用４００万米ドルを日本が肩代わりするという「返還協定密約」を初めて法廷で認めた。吉野は後《のち》に語っている。「過去のことを忘却したり、反対のことを主張などして歴史を歪曲しようとすると、歴史をつくる国民のためにはマイナスになることが大きい」「ウソをつく国家は滅びる」。吉野はナチス・ドイツの崩壊を目撃していた。

新井白石も荻生徂徠も陸奥宗光も、そして若泉敬も、自分の専門知を歪めてまで権力に仕えたわけではない。

満蒙開拓移民や満蒙開拓青少年義勇軍を送り出し多大の犠牲を惹き起こした天皇主義者で農本主義者の加藤完治は戦後、責任追及を免れ農業功労者として遇され、天寿を全うした。

今時《いまどき》、自分の専門知を自ら歪めて権力に仕えたことを悔やんだり、自分の知見の誤りを自責する御用専門家など居ない。

（四）国民文学の罠

※国民文学も現実容認の思考様式を採る。

●一九三五年八月二三日から一九三九年七月一一日まで「朝日新聞」に連載された吉川英治の『宮本武蔵』は武蔵を「剣禅一如」の求道者として描き、日中戦争から太平洋戦争に向かう戦時下の大衆の願望に呼応して、大人気を博した。「東亜聖戦の旗下、今も猶、武蔵以上の武蔵が皇軍将士の中に幾多となく実在する」（一九三七年一二月）。一五年戦争中、「国民文学」は「戦争を遂行する新体制運動に協力するもの」と考えられていた。

武蔵は佐々木小次郎との決闘場の船島に向かう小舟に端座して想う。「真っ蒼《あお》な海水の流紋に眼を落して見る。深い、底知れず深い。水は生きている。無窮《むきゅう》の生命を持っているかのようである。しかし、一定の形を持たない。一定の形に囚われているうちは、人間は無窮の生命は持ち得ない。――真の生命の有無は、この形体を失ってからの後のことだと思う」（円明の巻「魚歌水心《ぎょかすいしん》」）。日本浪漫派好みのレトリックで、死地に赴いて「玉砕」を強いられる兵士の心情を癒しているようである。

「武蔵＝名人説」を採る菊池寛に対し「武蔵＝非名人説」を採る直木三十五は、菊池寛説を採った吉川英治に「武蔵を名人とする理由を明らかにせよ」と迫ったが、この要求に吉川は終始、応えることはなく、「武蔵＝名人説」が多くの大衆の支持を集め、その後の武蔵像を定めた。

『宮本武蔵』全6巻を「六興出版」社からの刊行するに際しては、GHQの検閲を忖度《そんたく》し、吉川英治自身が改訂を加えていた。戦争や侵略のイメージを暈すため、「敵を斃《たお》す」を「相手を屈服させる」、「あの征韓の折」を「あの折」に言い換えるなどした。

また吉川はあからさまな皇室崇敬表現を改め、「神功皇后さまが、三韓を御征伐なされた折」を「神功皇后さまが、三韓へ御渡海なされた折」などと変え、伊勢神宮の神官が著《あらわ》した歴代天皇の詔勅に関する文章を丸ごと削除した。

吉川の文章は読み易いが曖昧である。しかし、「かれの文章のアイマイさは、日本人の思考の型に即応したものであるので、ごく自然に受け取られたのではないかと考えられる。吉川文学の成功の一つは、おそらくここにあるのであろう」（桑原武夫『「宮本武蔵」と日本人』一九六四年）。

日本人は、技芸にまで「求道」を求め、「…道」にしたがる。「茶道」「華道」に「香道」、「柔道」「剣道」「弓道」に「野球道」、「装道」に「オモテナシ」、「学者道」に「英語道」などと呼び、「脱政治」と「脱俗」を善しとする。

●「日本の自然主義以後の文士の多くは、社会にたいしては反逆者であり、それからの逃亡者であって、その生活はつねに反逆者の生活者であった。その明治四十年ごろに現れた自然主義者の中で、島崎藤村だけが違った型であった」(伊藤整『改訂文学入門』一九六七年)。

小説という「芸術文」ではあるが、島崎藤村の文章を、政治言語の散文の例として俎上に載せる。

「藤村というのは、センチメンタルで、退屈で、ぐずぐず言いわけとか、くりごととか、何かじぐじぐしていて、うっとうしくて、いやだったんです」(色川大吉『民衆史　その100年』一九九一年所収の一九八九年三月の講演録)。まさに「文は人なり」である。

「日本の自然主義以後の文士の多くは、社会にたいしては反逆者であり、それからの逃亡者であって、その生活はつねに反逆者の生活者であった。その明治四十年ごろに現れた自然主義者の中で、島崎藤村だけが違った型であった」(伊藤整『改訂文学入門』)。

藤村は『千曲川のスケッチ』という一連の写生文で、風景や人物を正確に描こうとした。その文体を使って、『破戒』(一九〇六年)という小説も書いた。この作品で小説家として名を成した。

藤村は北村透谷に学んで、大成したと言われている。何を透谷から学んだのか。透谷のエゴを通そうとした破滅型の生き方を踏襲したのではなく、世間と妥協したそうでない生き方を選んだ。夏目漱石や森鴎外の調和的な生き方にも、やや似たところがある。

「われわれが良心的に生きるかぎり、かつまた良心的な仕事をして生きようとするかぎり、金銭を十分に手に入れて楽な生活をすることはできない。そればかりでなく、われわれは、生活の根拠も失って滅びてゆかざるをえない。現代では良心的に暮らすことが生活の破滅を意味している」（伊藤整の同書）。

藤村は『家』（一九一一年）あたりから、正確な文体ではなく、「一種の儀礼的なアイマイさ」（伊藤整）のある文章を書くようになった。

これが、現実の社会生活者の共感を得た。「現実の社会人は、周囲や他人を気にしたりして、自分の思うことを明確に言うことができないような生活を日常送っているものである。そういう人たちに取っては、島崎藤村の文体における、アイマイでありながら自分の意思を通す、というこの表現法がひじょうに魅力があった」（伊藤整）。国民的作家と呼ばれた作家たちの文章も概ね、妥協的で曖昧《あいまい》である。

自分の姪と通じた事件を告白した『新生』（一九一九年）を、「・・・、彼は頭を（汽車の）窓のところに押付けて考へた。『あゝ、自分のやうなものでも、どうかして生きたい』」というつぶやきで終えている。

この一文は名文句とされている。しかし、そこには、エゴイストであることを認めつつも、作家としての社会的地位から退きたくないという強い執着がある。不正やらスキャンダルが暴露された政治屋、芸能人、著名人などが口にする台詞《せりふ》に似ている。総じて、彼らは強《したた》かである。

選挙買収事件の元法相の河井克行被告は、神父に諭され、買収行為の大半を認め、現金を配った時の心情を語った――「自民党広島県連の会長職にも就けず、地元で疎外され寂しかった」「長年独りぼっちで地元政界に仲間が欲しかった」。

●「国民文学」とは「一国の国民の諸特性をよく表現した、その国特有の文学、またはその国で広く国民に愛読されている文学」である。吉川英治も島崎藤村も、国民的作家。

昭和の国民的作家の司馬遼太郎は文章を短文で綴り、読み易い。実際の出来事と実在の人物の複雑な面を切り捨て、単純化し痛快に物語るから、予備知識が無い読者層にも受け入れ易い。しかし、小説ならともかく、エッセイ風のノンフィクションとなると、デマゴーグの体臭がし、胡散《うさん》臭い〔拙著『現代モンゴル読本』（二〇一五年）を参照〕。

（五）「癒し本」の罠

●功成り名を遂げて晩年、満ち足りた境地になった者は、己《おのれ》の「認知バイアス」に囚われながら現実容認、体制受容の人生論を説く。

中国を介して変容した仏教思想の影響か、知識人も庶民も現実容認の思考様式を採りがちだ。瀬戸内寂聴の説法物、五木寛之の説法風エッセイは、作家も「老成」すると、現実を容認し「悟り」の境地に至ることを示している。ごく普通のことを情感のレトリックを散りばめて、しみじみと語れば、「癒し本」になる。

戦中の日本浪漫派と京都学派は、否応《いやおう》なく死に追いやられる人々に癒しのレトリックとロジックを提供した。今は「虐《いじ》め」の時代である。空気を読んで面従腹背してでも同調しなければ、不利益を被《こうむ》るか「虐め」に遭い、自殺に追い込まれる場合もある。悟った風に現実を容認させる「癒し本」は「騙《かた》り本」である。

女性哲学者の『14歳の君へ』は、虐められている子に語りかける――「いじめられている君は、心がとても傷ついているだろう。だけど、自信をもっていい。君は決して悪いことをしていない。悪いことをしてないんだから、傷つく必要だって本当はないんだ。悪い人がよい人を傷つけることはできない。よい人のよい心を、悪い人の悪い心が傷つけることは、決してできないことなんだ。だから、よい心でいることが、一番強いことなんだ」。

哲学者らしく理屈立っていてご尤《もっと》もだが、「よい心」で居れば、「いじめ」に耐えられるというのか。騙《だま》しのロジックである。読み継がれて、これが25万部突破したそうだから、不思議だ。

●宗教人で教育者の書く「癒し本」となると、ロジックよりも癒しのレトリックが濃厚になる。ひとを花木に喩え、語り口は謙虚で優しい。

東日本大震災１年後の二〇一二年四月に出版された『置かれた場所で咲きなさい』は５年後に２３０万部を超えた。

「置かれたところこそが今のあなたの居場所」「置かれた場所で咲きなさい」「咲けない日がありますす。その時は、根を下へ下へと降ろしましょう」。この心に響くような言葉は「Bloom where God has planted you. 神が植えたところで咲きなさい」という短い英詩から採ったものだが、私にはしっくり来ない。

第一に、余りに宿命論的である。神が与えてくれた今の居場所に安住しなさい、ということだ。神らしき者が私を勝手に、こんな場所に置いておいて、「そこで花咲きなさい」と言われたって、困るではないか。自分自身の責任ではなくて、遺伝やら巡り合わせやらで、不幸な境遇に置かれて、「花咲け」というのか。環境によっては花咲けない花木だってあるのだ。納得の行かない運命を甘んじて受け入れろ、と言うのか。こういう「語り」は「騙《かた》り」で、忍従のレトリックだ。

咲けない日は「根を下へ下へと降ろしなさい」というレトリックで、具体的にどういうことを言わんとしているのか。文字通りに解すれば、「自分の殻に閉じこもり、足ごしらえをして置きなさい」ということか。しかし、結局、花を咲かせられず、枯れてしまう花木もあるのだ。忍従のレトリックである。

「癒し本」は社会や世間を責めない。現実を容認し、「自己責任」を課す。体制翼賛に繋がる。騙りの癒し本が罷《まか》り通るのは、マインド・コントロールを受け入れ「さだめ」とあきらめ、癒しなしには生きていけない人々が多いからだろう。

●チッソに自身の人生と家族の生活が狂わされた女性患者はチッソを憎み続けた末に、チッソを赦す心境になる——「人を憎めば苦しかじゃろう。苦しか。そしたら許せば苦しゅうなかごんなるよ。」（石牟礼道子『苦界浄土』）。深い言葉ではあるが、私なら、あの世でも憎み続けるだろう。

生れ付きの障害を、神が課した「宿命」や「試練」だとして受け入れよと説く宗教や哲学を、私は信じない。この世の不条理を「定めじゃ」と片付ける大方の通俗時代劇は観《み》ない。

人智の及ばない偶然事は、神の仕業である。人生相談の対象にはなれない。神仏に対する願いごとは、そもそも叶わぬことである。絶対正しいはずの神に異議を申し立て、その差配の誤りを認めさせ、撤回させることになるからだ。

奈良県御所《ごせ》市にある一言主《ひとことぬし》神社の神様は、一言の願いであれば何でも叶《かな》えてくれると言う。「はがきの名文コンクール」に応募し、願いごとをはがきに書いて送り、大賞に選ばれると１００万円、佳作になると10名がそれぞれ10万円もらえると言う。文学賞並みの企画である。このコンクールの３人の選者にも高額の謝礼金が支払われるだろう。

この企画は昨年で第7回目を迎えるという。財政難と言われている神道界にしては異例の、資金潤沢なイベントである。しかし、障害に苦しむ人を騙し、愚弄していないか。このコンクールの選者には「癒し本」の作家も入って居る。

彼らは戦時中の翼賛プロパガンダと同じく、政治言語で現実容認のプロパガンダをしていることになる。一言の願いが叶うという宣伝文句で寄付でも集めていたら、「霊感商法」に当たる。

●「原発事故に因る死亡者はゼロ」「南京大虐殺はなかった」という類いの妄言妄説が後を絶たず「読んではいけない」本が堂々と罷《まか》り通っている（佐高信『佐高信の毒言毒語』二〇〇八年）。一度、ベストセラー本を出すと、次々と無批判で無内容の本を出す。大抵は体制容認本だ。

第9講

新型コロナ期の日本語と思惟思考

（一）新型コロナ期の言語生活　犯される日本語

新型コロナ期の「新しい生活様式」は、危ない日本語表現を産んだ。「お上」はこれまでも日本語を犯して続けてきたが、新型コロナ期にあって、その政治言語の語法と論法はより巧妙化した。

麻生副総理は「死者が少ないのは民度が違う」からで、「自粛要請しただけで国民が賛同して頑張った。国民として極めてクオリティーが高いんじゃないか」と曲解強弁した（二〇二〇年六月四日）。

日本国民は「粛々」が好きで、全国民が「要請」を、「お上」の「御達示」と粛々と従っている。「国民のみなさま」は「お上」に弱いから、「お仕置き」をしなくても済むし、「一揆」も起きない。「同調圧力」をかけ合って「相互監視」し、「お上」の掲げた「社会規範」に率先協力し「自粛警察」まで登場。店は「新型コロナにつき外国人お断り」の張り紙を出す。追悼式や抗議集会もままならぬから、「不急」の改憲までして「緊急事態条項」を盛り込むまでもない。

「お上」は、「国家（state）」や「政府（government）」を「国（country）」に言い換える。本来の意味の「国」は、「国民ならびに国民が生活を営む社会と国土の全体」。政府や官庁つまり「お上」は「国」全体の小部分に過ぎない。

財務省近畿財務局職員の妻が、夫の自殺は公文書改ざんを強制されたためだとして「国・元同省理財局長」を提訴したが、この場合の「国」は、上司である麻生財務相と安倍首相の政府を指す。

「お上」は新型コロナ禍を「国難」にして、全ての追及を躱《かわ》す。「積極果敢」な対応と言っても、「国

「国民のみなさま」を愚民視して、「スピード感重視」で全世帯に布マスク2枚を配送はするが、「シャットダウン（営業停止）」に対する「休業補償」は出し渋る。横文字好きの東京都知事は「ロックダウン（都市封鎖）」だ、「オーバーシュート（感染爆発）」だ、「東京アラート」だ、と「国民のみなさま」を脅す。

必要があって外出するのに「ステイホーム」、市の広報車が「不要不急の外出自粛」を呼びかけ、警官が夜回りする。

「復興ファースト」から「五輪ファースト」に転じた都知事が今度は、「命ファースト」に再転換し、上目遣いに「自分の命と他人《ひと》の命を守るため」と請えば、「国民のみなさま」は拒めまい。しかし、実際は移されまいと「自分の命」だけを守る。

「正しく恐れながら、日常の生活を取り戻していく新しい生活様式」を、と「お上」は「正しさ」を押し付け、個人の生活スタイルに「枠」を設け、「お上」に都合のよい人民を育てる。

二〇二〇年夏に「完全な形で実施」と決めた東京五輪を、ＩＯＣのバッハ会長が五月二〇日、「来年開催できなければ中止」と言い出すと、「簡素化実施」に軌道修正した。「無理ならスパッとやめなきゃ」（自民党の二階俊博幹事長）。

五輪は今や「不要な」イベント。全ての競技の世界大会を同時季に同都市で開くことはない。二一年夏以降、五輪は廃止にし、各競技の世界大会はそれぞれ、適切な時季に適切な場所で開けばいい。

(二) 学校の「新しい日常」

二〇年五月二五日、緊急事態宣言が全国で解除された。生徒は分散登校し教員は変則的授業を始めた。しかし、教員は6・6万人不足し、教員の授業数は倍増する。政府文科省は公立小中校に教員3100人を加配し、夏休みや放課後の補習に当たる学習指導員を1校2人程度、約6万1200人、教員の補助をするスクール・サポート・スタッフ2万600人を配置するという。全国に中学校だけでも約3万校ある、のにだ。正規教員数を2倍すれば良い。文科省は八月、「教育実習なし」の教員免許取得も認めた。

　給食の風景も様変わりした。おかずを盛りつけるのは、給食当番ではなく先生。児童は2メートル間隔を置いて並び、自分のトレーを受け取って一つ置きの自席に戻り、マスクをしたまま「いただきます」。そっとマスクを外して、黙々と食べる。

　音楽の時間にもマスクをさせておいて、大きく口を開けて歌うべき歌を、表情豊かに歌えと指導する。体育の授業はボールを使わない種目の授業だけを行ない、英語の授業は発音練習も会話練習もない。武道に必須の気合い入れにも大声が出せない。卒業式でマスクをしないかするかは「個人の判断」ですか、永岡桂子文科大臣様。

　これが「正しく恐れながら、日常の生活を取り戻していく新しい生活様式」の学校生活か。これが児童生徒の「新しい日常」か。「馬鹿にしないでよ！」（山口百恵）。

進度が決められている教科書の内容を変則的に詰め込む授業で教育効果はあるか。児童生徒も教員も迷惑だ。却って登校拒否が増えるかもしれない。児童生徒は感染予防で疲弊している。

文科省は二〇年六月五日、小中学校の教科書のうち、約2割分を授業外で学ぶことができる、つまり授業不足を家庭学習で補うという通知を出した。これは学校機能の一部を家庭に負担させること。学習条件の整わない家庭の負担を増やし教育格差を助長する。

私は二〇年四月から長期休校にし、九月新学期を考えていた。二一年度から受験も就職活動も七、八月。夏休みを除けば3カ月程度の遅れだから、取り戻せる。その間、学校側は分散授業などに備えて態勢を整えれば良い。グローバル・スタンダードになるから、留学生受け入れと留学生派遣にも支障が出ない。

（三）迫り来る『1984年』の「新しい生活様式」

●「正しく恐れながら、日常の生活を取り戻していく新しい生活様式」を、「お上」は「正しい」と押し付け、個人の生活スタイルに「枠」を設ける。「その正しさは気持ちがいいか」（中島みゆき）。「お上」に逆らわない従順な国民を育成するために、自民党政権は、「四つの枠組み」を設けた。

（一）学校を一斉休校にし、変則授業を強制。

（二）菅官房長官は「問題意識の共有」を図る。首相は菅長官と一心同体だと言う。

（三）警官が風俗営業店の立ち入り捜査をする。
（四）緊急事態宣言だけでなく憲法に「緊急事態条項」を盛り込む。
これらの枠組みに抗《あらが》えば、組織や共同体から放逐され、生活権を奪われるという報復を受ける危険がある。

●G・オーウェルのディストピア小説『１９４８年（Nineteen Eighty-Four）』は、言葉が歪《ゆが》められて思考が画一化された世界である。この世界はイースタシア・ユーラシア・オセアニアの三つの地域に分かれていた。オセアニアの公用語はNewspeak（新語法）。「ニュースピーク」は、「INGSOC（イングソック）」即ち「イギリス社会主義」のイデオロギー的要求に応えるべく考案された言語で、二〇五〇年頃までに完全に「オールドスピーク（旧語法）」（標準英語）に取って代わるものと期待されていた。オセアニア国民は「ニュースピーク」を「お守り言葉」（鶴見俊輔）として全般的に採用していた。

ウィンストンは真理省の記録局に勤め、記録の改竄作業に従事していた。一一時になると、「2分間憎悪」が始まる。ホール中央の大きなテレスクリーンがヘイト・スピーチを繰り出すと、次第に職員も憎悪の怒号を口走り、熱狂する。

二〇一六年秋の臨時国会。安倍首相の衆院本会議での所信表明演説中、自民党の若手議員らが一斉に立ち上がって拍手を始めた。「今この瞬間も海上保安庁、警察、自衛隊の諸君が任務に当たっている。今、この場所から、心からの敬意を表そうではありませんか」という安倍首相の呼びかけに応じたスタンディングオベーションだった。しかし、自然発生の拍手ではなかった。

官房副長官の萩生田光一が党の国会対策委員会幹部に事前に依頼し、国対のメンバーが本会議場の前に陣取る若手議員に演説文のこのくだりを指さして「ここで立って拍手してほしい」と指示していたのだ（二〇二一年四月一四日付『朝日』）。

議長の大島理森がこの裏工作を事前にしっていたかどうかは不明だが、このスタンディングオベーションを10秒間、黙認し、「ご着席ください、ご着席を」と叫んだ。

「国民のみなさま」の権力や権威への自発的隷従は「お上」の「思う壺」。疑心暗鬼に因る対人関係の分断化はいつまで続くか。私は今、第何波のコロナウイルス禍なのか、忘れてしまった。

第10講

政治言語はマインド・コントロール

※政治言語によるマインド・コントロールで、自公民と「立憲」「維新」「国民民主」の野党は互いに歩み寄った。だから、二〇二二年の漢字は「戦」ではなく「和」であろう。
二二年のカタカナ語は「マインド・コントロール」。「創作四字熟語」は「情理操作」か。

●銃撃犯の安倍元首相銃撃は的を射ていた。岸田首相は「暴力に屈せず、民主主義を断固として守り抜く決意を示す」と言うが、銃撃犯は暴力を用いて「私怨」を果たそうとしただけであって、民主主義への挑戦ではない。「統一教会」総裁を襲撃するのは無理だから、「総裁の次に大きな存在である」安倍氏を襲撃したのだ。だから、台湾に安倍氏の等身大の銅像が建っても、奈良市の銃撃現場には慰霊碑は建たない。
「民主主義を守り抜く」と言うが、国民を分断し、「国葬」という政権の評価を国民に押し付け、ほぼ半数の国民の反対を無視することこそ、民主主義の破壊ではないか。国民の「内心の自由」を侵害した。

安倍「国葬」に賛成する政治学者の大川千寿《ちひろ》教授は、「国葬の実施については、安倍氏の政治姿勢や政策と区別して考えるべきではないか」という前提に立ち、「国葬の対象となった人には功罪も当然あるでしょうが、党派や思想、宗教にかかわらず、リーダーとしての奉仕や貢献に礼と尊厳を尽くす。これも民主主義の一つの美徳だと思います」「外国要人も招いて国葬を尊厳ある形で行うべきだと言う（二〇二二年八月五日付『朝日』）。

ならば、プーチン大統領が反対勢力の暴力で不慮の死を遂げた場合、彼にも功罪あろうが、ロシア政府は外国要人を招いて国葬を催し、ロシア国民はリーダーとしての奉仕と貢献に礼と尊敬を尽くすことになる。

反共の悪徳カルト教団の「統一教会」を支持した安倍氏の国民に対する罪は甚大である。国民の多くを、霊感商法の犠牲にしてきたからである。国会議員が「統一教会」と互いに支援し合う関係は安倍氏が築き、彼ら議員は安倍氏の傘下にあった。

国会議員180人、地方議員334人が「統一教会」に浸食されていた。地方議員が100人規模で参加する「全国地方議員研修会」に「統一教会」の友好団体の幹部も出席し、「家庭教育支援法」「同条例」の制定を呼びかけていた。参加者の中には地元での条例制定に尽力した議員もいた（二〇二三年一月三日付『朝日』）。

多くの議員が「統一教会」の集会に参加したりメッセージや祝辞を送って「お墨付き」を与え、この悪徳教団の社会浸食に加担し、選挙のたびに組織的支援を受ける一方で、国民を霊感商法の犠牲にしてきた。この一点だけでも、「国葬」には値しない。なのに岸田首相は内閣法制局と共謀して「国葬儀」という政官語の新語を捏《ねつ》造し、安倍「国葬」を強行した。

学校は休校にはならなかったが、文科省や教委からの「お達し」があろうとなかろうと、学校は特に「お上」に弱いから、児童生徒に黙祷を強要する学校もあった。学校に「主権者教育」を進める気があるならば、「お上」の「同調圧力」に屈してはならない。

岸田政権は、この問題を機に統一教会に繋がる国会議員の党籍を剥奪するなどして一掃し、政界を浄化すべきだった。国民も彼らを二度と議員にしてはならない。

しかし、彼らの加担責任を有耶無耶にし、「救済新法」をデッチ上げ、彼らを「救済」した。日本社会は歪んだままである。

●騙すのは高等動物にだけ見られる行動である。ヒトは社会的知能を発達させ、相手に気づかれずに騙すことができるようになった。騙す側は相手に気づかれずにマインド・コントロールする（岡田尊《たか》司《し》『マインド・コントロール』二〇一二年）。

「不当寄付勧誘防止法」と呼ばれる「救済新法」は「個人の自由な意思を抑圧し、適切な判断が困難な状況にさせない」などの三つの「配慮義務」を設けたが、マインド・コントロールして騙す側がマインド・コントロールしないように十分に「配慮」することはありえない。寄付してしまってから、マインド・コントロールされ騙されたと気づいても、時が経てば、寄付金は返されない。寄付の「取消権」は寄付の意思表示をした時から5年ないし10年を経過した時には時効によって消滅する」（第9条）。一〇年以上前に被害に遭った信者及び配偶者や子どもは寄付金を取り戻せない。

「救済新法」は、次の選挙ばかり気にかけ、「統一教会」と「濃厚接触」した政治屋を「救済」した。有権者は腐敗堕落した政治屋ではなく公明正大で識見高い政治家を求めている。

●岸田政権は根本理念や基本原則を済《な》し崩しにして、政策の大転換を謀る。

・「敵基地攻撃能力」は、相手の弾が一発も届かないうちに敵対国にミサイルを撃ち込める装置。宣戦布告せず先制攻撃しては国際法に違反し、「先手防衛」で「専守防衛」にはならない。自衛隊は自衛隊でなくなり、日本は「戦争のできる」国になる。

敵が攻撃に「着手」したと、どの時点で何をもって判断するのか。畢して基準を設けていない。

「反撃能力」を装置した基地は、却って敵の先制攻撃を招く。抑止力にはならない。「朝日新聞」の全国世論調査（二二年一二月一七、一八日）では岸田内閣の支持率は31％に急落したが、「敵基地攻撃能力」の保有については56％が賛成している。マインド・コントロールの成果である。

根本問題は先制攻撃に道理があるかどうかである。以下で加藤周一『夕陽妄語』所収の「安危在是非」（一九八四年一〇月二二日）を援用する。

かつて日本軍部は先制攻撃で侵略戦争をしかけ、南京虐殺や毒ガス使用や細菌の人体実験などの戦争犯罪をひた隠しにしていた。道義がなかったから、隠蔽するしかなかったのだ。

加藤は、『韓非子』にある「安危ハ是非ニ在リ、強弱ニ在ラズ」という言葉を引用して、「国の安危はただ軍備の強弱によると考えるのは、複雑な状況の極端な単純化であり、現実的でない。安危は大いに是非による。」と書き、国の安全の程度は、道義的な是非に拠ると解釈した。これは『韓非子』の理想主義的解釈ではなく、政治的現実主義解釈である。今風に言えば、『韓非子』は軍拡競争の愚を説いたのである。

・岸田政権は稼働40年超の原発を相次いで再稼働させ、「リプレース（replace）」と偽称して新増設を進める。

政府と東電は二〇一五年、福島県漁業協同組合連合会に対し福島第一原発の「処理水は関係者の理解なしには処分しない」という文書を渡している。放射性物質トリチウムの濃度を放出基準の40分の1の汚染水を「処理水」と見なし、今年の春か夏ごろに海洋放水する。

放出基準を勝手に変更しての放出である。地元漁協は「処理水」の海洋放出に「断固反対」している。

・政府が国民をマインド・コントロールして推し進める国策の犠牲になるのは、常に一般国民である。拓務省と農林省、関東軍が結託して全国の自治体をマインド・コントロールし、満洲開拓移民を割り当てた。一九四五年八月、ソ連軍が満洲に侵攻すると、真っ先に関東軍や政府や満鉄の家族を専用列車で避難させた。関東軍は満洲の4分の3を放棄して、満洲東南部の通化に司令部を移転し、徹底抗戦の構えだった。残された開拓団は惨劇に遭った。

原発事故が再発すれば、杜撰な避難計画の犠牲になるのは周辺住民であるし、「敵基地攻撃能力」を配備した自衛隊基地周辺の住民も犠牲になる。

・岸田氏は改憲に慎重だった。二〇二二年の参院選の遊説では「憲法改正」にはほとんど言及しなかった。ところが、投開票後の翌日には、「憲法改正は結党以来の党是。国会での議論をリードしていきたい」と改憲を強調した。さらに安倍元首相が銃弾に斃れると、安倍氏の改憲の遺志を継ぎ、改憲を積極的に取り組むと豹変した。政治言語でマインド・コントロールしても「解釈改憲」には限界があるからだ。

●「アラブの春」の発祥地・チュニジアの議会選挙（二二年一二月一七日）の投票率は8・8％だった。サイード大統領の独裁回帰に抗議して主要政党が議会選ボイコットを呼びかけていた。

日本の地方議会の投票率の低迷が続いている。出馬する者が多くいても、万人受けする選挙スローガンを、似たり寄ったりに並べては選びようがない。

四月は統一地方選。「明確に表現することが政治の革新に必要な第一歩」（オーウェル）。私は、万人受けするスローガンを抽象的に並べるのではなく政治的識見の高い具体的な選挙公約を掲げる候補者の出馬を期待したい。

ただし、有権者は政治言語による選挙演説のマインド・コントロールに要注意である。

✍騙されるのは「悪」

・「欺」は仮面を着けて「あざむく」のが原意。「偽」は似せて作って「いつわる」ことである（白川静『当用字解』二〇〇三年）。「瞞」は目くらまして「だます」こと。「騙」は「かたりだます」こと。「創作四字熟語」にすれば「欺瞞虚偽」。

・「統一教会」と「濃厚接触」した議員が「知らなかった」「騙された」と弁解するのは飛んだ筋違い。映画監督の伊丹万作の『伊丹万作エッセイ集』（大江健三郎編二〇一〇年）には、以下のようにある。

「騙されたということは不正者による被害を意味するが、しかし、騙されたものは正しいとは、古来いかなる辞書にも決して書いてないのである。騙されたとさえ言えば、一切の責任から解放され、無条件で正義派になれるように勘違いしている人は、もう一度よく顔を洗い直さなければならぬ。しかも、騙された者必ずしも正しくないことを指摘するだけに止まらず、私は更に進んで『騙されるということ自体がすでに一つの悪である』ことを主張したいのである」。

たとえ言論弾圧の戦時中であっても、「騙されていた」からとメディアも大衆をも、被害者として免罪にするわけにはいかない。

「統一教会」と「濃厚接触」していた議員が「知らなかった」「騙された」と弁解すること自体が悪事である。

あとがき　**岸田政官語の研究**

●岸田文雄の「聞く力」は「聞き流す力」。「任命責任」は「重く受け止め」ない。だから、自分が任命した閣僚らを更迭はするが、自分は首相の座に居座れる。

演説や答弁は「ずらし」「かわし」「ぼかす」の政官語のオン・パレード。岸田首相は二〇二二年一〇月三日、第210回臨時国会で所信表明演説を行なった。政官語による官僚作文を読み上げただけ。自分の言葉で語らなかった。

岸田首相の演説に限らず、どの閣僚も顔を上げず原稿を読み上げるだけで自分の言葉で語らない。だから、「云々《うんぬん》」を「伝々《でんでん》」と読み間違える首相もいた。

自分の言葉で語れないということは、自分の言葉で主体的に自己主張しないということである。「借り物でない自分の言葉で全力で話せ」(田中角栄)。

政官人の議会答弁はいかに具体性を取り去るかに腐心する。抽象的表現の羅列で具体性を欠き、馬鹿丁寧な表現を並べ、言質《げんち》を取られまいとする。

「まことに傾聴に値するご意見を拝聴いたしました。できるだけ前向きに検討いたしまして、善処いたしたい所存でございます」(東京は福生市の助役だった篠崎俊夫の『議会答弁心得帖』一九八四年から)。

これでは何一つ具体的に回答しない「塩対応」。結局、何もしないということだ。「あらゆる選択肢を排除せず、検討する」と言っても、選択肢は敵基地攻撃能力を保有するかしないか、である。

日本共産党の小池晃書記局長は二三年三月二日の参院予算委員会で、自衛隊基地「強靭化《きょうじん》」問題を追及した（三月三日付『しんぶん赤旗』）。

防衛省は全国282地区の約2万3000棟を、化学・生物・核兵器などの攻撃に耐えるよう「強靭化」を図る。すると「日本全土の戦場化」は必至。

この計画は、一九四五年八月のソ連軍満洲進攻に際し、真っ先に関東軍や満鉄社員の家族は専用列車を仕立てて避難させ、関東軍と政府機関は満洲東南部の通化に移転しようとしたのに似ている。在満の日本人開拓民たちは見捨てられた。

浜田防衛相は敵基地攻撃兵器の一つの「12式地対艦誘導弾能力向上型」の保管を想定していることは認めた。

しかし、小池議員が「日本全国に配備して全土を戦場化するのですね？」と、何度も繰り返し問い質《ただ》し、「長距離ミサイルは配備しないと断言せよ」と迫っても、政府側は確答しなかった。浜田防衛相、岸田首相、杉山大臣官房施設監が入れ替わり立ち替わり、争点を躱し長々と政官語で説明して質問時間を減じ、確答を避けた。

●数値を挙げ達成したかどうかを事後検証できるようなスローガンを掲げて所信表明演説したのは田

中角栄ぐらいか。

二〇二二年秋の臨時国会でも説明を求める声を聞き流し、逃げた。「自民党員は教団と関係を持たないことが大切」と他人事。安倍元首相の調査は「本人が何も弁解できず、十分な説明はできない」。「厳しい声にも真摯に、謙虚に、丁寧に向かい合っていくことをお誓いいたします」。

細田衆院議長の説明責任については「ご自身の判断で適切に対応すべきもの」だと逃げた。細田議長は二〇二三年一月二四日、非公開で短時間の「懇談」なら、と応じた。容疑者が自宅に検事らを呼んで「懇談」するようなもの。細田議長もまんまと逃げた。

「自民党の政策決定に一団体が影響を及ぼすことはない」。なら、「日本会議」の圧力も聞き流すということか。

教団への解散命令請求は「スピード感を持って適切に対応していく」らしいが、これは政官語の常套句。

二〇二三年一月二三日の施政方針演説では演説の最後で触れ、「国民の皆さんから厳しい声をいただいたことを重く受け止めております」。再発防止に向けては「様々な改革に取り組んでいく」としたが、改革の具体策には言及しなかった。

●岸田文雄は自民党総裁に当選後の記者会見で、「私の特技は人の話しをよく聞くことだ」と語った。豊永郁子・早大教授によると、岸田氏は過去一〇年間、直接聞き取った人々の声を書き留めて30冊近いノートになっているという（二〇二一年一一月一八日付『朝日』の「政治季評」「『中間層』にみた民主主義」)。なるほど、人の話しをよく聞いたものだ。

しかし、どの社会層の人々の声だろう。豊永教授の「政治季評」の論旨からすると、「中間層」の人々であるようだ。直接会って話しを聞いたのだから、政財界の実力者の声かも知れない。民主主義社会だから、主役は支配者ではなく民衆だが、岸田首相は民主社会のどの社会層を主役とし、どの声を「公論」として重要視しているのだろうか。

中位の豊かな暮らしを維持したい中間層は「自分たちの獲得した地位を維持してくれ、法と秩序とを保証してくれるものであるならば、彼らは国家を恩人とみなし、その介入を歓迎する」(クラウス・ミューラー『政治と言語』一九七五年)。

彼らの票の行方は明らか。各有権者が「獲得した地位」を維持してくれて中位の暮らしを守ってくれる候補者に票は流れる。地元民は地元に利益誘導する候補者に投票する。

二二年一二月一七、一八日の『朝日』の電話世論調査では、岸田内閣の支持率は31%、不支持率は57%。「時事通信社」が二三年一月一三日~一六日に実施した世論調査では支持率が26・5%に下落した。しかし、私は「ポスト岸田」の名前が浮かばない。

●地方議会だと、そもそも議員のなり手がいないから、無投票で議員になれる。民意が票にならない。直近の地方選では、18市町村で候補者数が選挙定数に満たない「定数割れ」になり、271、つまり15・2%が無投票となった。都道府県議の4分の1が無投票で当選している。女性議員がゼロか1人だけの「女性ゼロワン議会」が4割を占める。だからと言って、パートタイマーになるより議員になるほうがマシだと立候補する高学歴女性に投票する気になれない。

結局、主権者の政治リテラシーが問われているのである。

☹求む、「知を結ぶ」政治指導者

議員は特定の社会層の利益の代弁者とも言えるが、次の選挙に備えて自分の支持層だけの利益のために政治活動するのは政治屋。見識ある政治家ならば、大所高所に立って深慮遠謀し、公正に判断し政策を押し進める。今、どんな政治指導者が必要か。

ヴェーバーは政治家に必須の資質として、「情熱」「責任感」「判断力」の三つを挙げた。「情熱」とは「責任感」と結びついた情熱的な献身のことであり、「判断力」とは、責任ある行為をするために冷静さを失わずに「事物と人間に対して距離を置いて見る能力」である。陰の実力者の意向を忖度する「聞く力」など、政治家には不要な資質である。

岩倉具視は「大久保は才なし、史記なし、只確固と動かぬが長所なり」と評した。大久保には才知は無いが、物事に動じないのが長所だと言うのだ。

大久保は公私を峻別して、「公」を優先させ「私」を断つ政治家だった。寺田屋騒動では島津久光の命に従い「誠忠組」の仲間を断罪し、のちにその久光と確執し、征韓論では西郷や江藤らを政権から追放。佐賀の乱では兵を置き去りにして逃亡した首魁らを「実ニ一箇之男子タル者ナシ」と斬首、「江藤の醜態は笑止」と梟首《きゅうしゅ》に処した。西南戦争では竹馬の友の西郷と袂を分かった。

大久保は数に恃《たの》む公議や衆議を嫌い、理に基づく「公論」を尊重し、「知を結ぶ」政治指導者。「有司専制」で広く知見を集めた。官僚の異見を封じることもしなかった。

大久保はある日、旧幕臣の前島密と旧鳥取藩士の松川道之と昼食を共にした。卓上にガラスの水差しが置かれていた。ガラスがあまりに透明なので、埃のような物が見えた。松川は「飲んでも害はありませんが、これを見た人は咎めるでしょう。茶色か緑色の水差しのほうが、よかったでしょう。蓋し、政府の処置も、これに類するものと思われます」と言ったが、大久保は「それはそうだが、ガラスの外からこれを透視するのならば害はまだ小さい。その内側で明かりを失うようなことは大いに避けなければならない」と返答した。大久保は政治の透明性を説いたのである（瀧井一博『大久保利通「知」を結ぶ指導者』）。

南アフリカ共和国のマンデラ大統領は政治指導者を賢い羊飼いに喩えた。「羊飼いは群れの後ろにいて、賢い羊を先頭に行かせる。あとの羊たちはそれについていくが、全体の動きに目を配っているのは後ろにいる羊飼いなのだ」（東江一紀訳）。

議員先生は「頭のいい人たち」だが、「愚か者めが！」「原発事故で死亡者は出ていない」と暴言妄言を吐く。都合の悪い新文書は「捏造文書」。「統一教会」と「濃厚接触」しておきながら、「知らなかった」と惚《とぼ》ける。彼らの支持者もそれを咎めない。反理知主義が跋扈している。

「頭のいい」主権者は「知を結ぶ」政治指導者を選ばなければならない。


（二〇二三年三月）

[筆者紹介]

佐々木健悦（ささき・けんえつ）

言語ジャーナリスト

1947年、宮城県志田郡三本木町(現・大崎市三本木)に生まれる。東京外国語大学モンゴル語学科を卒業、同大ロシア語学科に学士入学在籍、その後、千葉県下の高校で英語教員。2008年3月退職。同年四月からモンゴル国の大学で、約一年間、日本語教師を務めた。その後、ウランバートル市の『モンソダル』社でモンゴル語日本語辞典の編纂に携わった。2010年7月からモンゴル国営モンツァメ通信社に勤務し、日本語週刊紙『モンゴル通信』の編集翻訳と日本語監修に従事、2012年8月退職。「社会評論社」より13年4月に『検証◎民主化モンゴルの現実』、同年11月に『徳王の見果てぬ夢―南北モンゴル統一独立運動』、15年4月に『脱南者が語るモンゴルの戦中戦後1930～1950年』、同年11月に『現代モンゴル読本』、2016年11月に『コトバニキヲツケロ！現代日本語読本』、17年10月に『現代モンゴル読本増補改訂版』、2022年9月に『こんな人たち』、22年12月に『ノモンハン戦記を読み解く』を刊行。「消される記憶遺産―モンゴル抑留吉村隊『暁に祈る』事件」で第7回石橋湛山平和賞を受賞。専門はモンゴル近現代史と社会言語学。言語ジャーナリスト。

政治言語の研究――日本人の思考様式と言語生活

2023年4月15日　初版第１刷発行

著　者：佐々木健悦

発行人：松田健二

発行所：株式会社 社会評論社
東京都文京区本郷2-3-10
電話：03-3814-3861 Fax：03-3818-2808
http://www.shahyo.com

装幀・組版：吉永昌生

印刷・製本：株式会社ミツワ

こんな人たち　自治体と住民運動

佐々木健悦／著

市政や市議会の愚行と市民運動の体たらくを暴き、市民の良識に訴える。

第１部　「こんな人たちに負けるわけにはいかない」　千葉県白井市議会傍聴記
第１話　自治体議会の低迷の元凶は「討論一人一回の原則」
第２話　噛み合わない議論 —「核禁条約」批准を求める意見書提出
第３話「議会だより」は市議会が市民に開いた窓
第４話　「申し入れ事項」を変更した「下総基地の米空母艦載機訓練基地化反対協議会」役員四人衆
第５話「コロナ看板騒動」　市議会に「説明責任」を問わない市民運動
第６話　自治体議会改革と住民運動の「壁」
第２部　自治体議会改革と地方自治活性化のために
第７話　マッカーサー憲法草案の「地方自治」
第８話　日本人の自治感覚と「町内会」復活
第９話　全員一致と多数決
第 10 話　議会基本条例と自治体議会改革
第 11 話　民衆運動の「壁」——「お上」に弱い日本人
第 12 話　監視と自浄と排除
第 13 話　指導的地位に立つ女性たち
第 14 話　議員は「先生」？
第 15 話　やはり「こんな人たちに負けるわけにはいかない」
補　遺　政治権力者の資質　政治哲学者マキアヴェッリの本意。

＊ 2100 円＋税　46 判並製 308 頁

ノモンハン戦記を読み解く

佐々木健悦／著

1939年夏に勃発した満洲国(日本)と モンゴル人民共和国(ソ連)間の国境紛争。その戦史を紐解くと、現代日本の政官界の「改竄」「抹消」「隠蔽」の原型を見ることができる。まさに「歴史は現在と過去の対話」(E・H・カー)である。

第一話　ノモンハン戦の勝敗
第二話　張鼓峯事件と第一次ノモンハン戦
第三話　日本軍のノモンハン戦敗因
第四話　ソ蒙軍の八月大攻勢と関東軍の九月反攻構想
第五話　政治粛清とジューコフ
第六話　モンゴル族兵士たちのハルハ川戦
第七話　欺瞞のノモンハン報道
第八話　欺瞞の戦後処理
第九話　ハルハ川の主戦場と戦跡
第十話　ハルハ川戦勝記念
終　話　ウクライナ紛争に問題提起
余　禄　隠蔽された記憶遺産 モンゴル抑留吉村隊「暁に祈る事件」

＊1700円＋税　46判並製216頁

ミャンマー「春の革命」
問われる［平和国家］日本
永井浩／著

<エンゲージド・ブッディズム>がめざす平和・民主主義・豊かさとは何か？ アウンサンスーチーに伴走してきたジャーナリストが日本政府と軍政の共犯関係を追究する。昨年好評を得た『アジアと共に「もうひとつの日本」へ』に続き、わたしたち日本人に”平和”と”豊かさ”の再考をうながす。

第１章「市民不服従運動」への国家テロ
第２章　日本政府の「独自パイプ」
第３章「アジア最後のフロンティア」への既視感
第４章　国境を超えた市民連帯へ
第５章　民主化支援―「日本人の物語」としての平和と

＊1800円＋税　46判並製240頁

私のことはわたしが決める
松本移住の夢をかなえたがん患者、77歳
竹内尚代／著

<はじめはがん患者へのエールのつもりだった。しかし、自分のことを書いているうちに、その時々の時代にいかに影響を受けて生きてきたのかを振り返ることになった。女も男も、ジェンダーに押し込められることなく自由に生きていけたらいい、との想いで生きてきた一人の女の記録としても参考になればいい。>

第１章　ボーボワールに導かれて
第２章〝事実婚・未婚の母〟でいこう
第３章　地域で働き、地域で闘い、地域で子どもを育てる
第４章　がん告知と変わりゆく家族のかたち
第５章　定年退職後も〝現役活動家〟として
第６章　自分のことは自分で決める
第７章　いざ、移住へ！

＊1700円＋税　46判並製240頁